当代世界文化创意
产业经典译丛

远眺

文化组织的营销策略
打动公众的新型策略

Marketing for Cultural Organizations
New Strategies for Attracting Audiences - 3rd edition

博尼塔·M.科尔布（Bonita M.Kolb） 著
林谦 译

上海财经大学出版社

本书由上海文化发展基金会图书出版专项基金资助出版

图书在版编目(CIP)数据

文化组织的营销策略/(美)博尼塔·M.科尔布(Bonita M. Kolb)著；林谦译.—上海：上海财经大学出版社，2016.10
(远眺·当代世界文化创意产业经典译丛)
书名原文：Marketing for Cultural Organizations
ISBN 978-7-5642-2533-9/F·2533

Ⅰ.①文… Ⅱ.①博…②林… Ⅲ.①文化产业-市场营销 Ⅳ.①G114

中国版本图书馆 CIP 数据核字(2016)第 206060 号

□ 责任编辑　刘　兵
□ 书籍设计　张克瑶

WENHUA ZUZHI DE YINGXIAO CELUE
文 化 组 织 的 营 销 策 略
——打动公众的新型策略
(第3版)

[美] 博尼塔·M.科尔布　　著
(Bonita M. Kolb)

[加]　　林　谦　　译

上海财经大学出版社出版发行
(上海市武东路 321 号乙　邮编 200434)
网　　址：http://www.sufep.com
电子邮箱：webmaster @ sufep.com
全国新华书店经销
上海华教印务有限公司印刷装订
2016 年 10 月第 1 版　2016 年 10 月第 1 次印刷

710mm×960mm　1/16　15 印张　194 千字
印数：0 001—3 000　定价：45.00 元

图字：09-2015-163 号
Marketing for Cultural Organizations
Bonita M. Kolb
ISBN：978-0-415-62697-2

© 2013 Taylor & Francis

The right of Bonita M. Kolb to be identified as author of this work has been asserted by him/her in accordance with sections 77 and 78 of the Copyright, Designs and Patents Act 1988.

All rights reserved. Authorized translation from English language edition published by **Routledge, an imprint of Taylor & Francis Group LLC.** 本书原版由 Taylor & Francis 出版集团旗下 Routledge 出版公司出版，并经其授权翻译出版。

Shanghai University of Finance & Economics Press is authorized to publish and distribute exclusively the Chinese (Simplified Characters) language edition. This edition is authorized for sale throughout Mainland of China. No part of the publication may be reproduced or distributed by any means, or stored in a database or retrieval system, without the prior written permission of the publisher. 本书中文简体翻译版授权由上海财经大学出版社独家出版并限在中国大陆地区销售。未经出版者书面许可，不得以任何方式复制或发行本书的任何部分。

Copies of this book sold without a Taylor & Francis sticker on the cover are unauthorized and illegal. 本书封面贴有 Taylor & Francis 公司防伪标签，无标签者不得销售。

2016 年中文版专有出版权属上海财经大学出版社
版权所有　翻版必究

远眺·当代世界文化创意产业经典译丛
编辑委员会

编委会主任　黄磊　赵咏

编　委　　　刘兵　林谦
（按姓氏笔画顺序）　周光起　赵咏
　　　　　　　夏申　曹建
　　　　　　　黄磊

策　划　　　刘兵

总　序

中国文化产业的发端，恰好处在世界文化产业初兴与我国改革开放开启的历史节点上，可谓生逢其时。根植于五千年的灿烂文化，我国文化产业迅速完成了它的结晶过程，并在全面走向伟大民族复兴的奋斗进程中，历史性地担负起前沿产业的战略角色。

我国的文化产业研究，从敏锐关注文化产业的初生萌芽，到紧密联系与主动指导文化产业的实践发展，可以说，是从默默无闻中孕育产生的一个新兴学科，它凝聚了来自各种学术背景的第一代拓荒者的情怀和心血、信念和执著，走过青灯黄卷般的学术寂寞与安详，迎来春色一片、欣欣向荣的好局面，以至于有人戏言文化产业已近乎一种风靡全国的时髦"显学"。我们相信，中国文化产业的发展，将是对人类历史贡献至伟的一场实践。我国文化产业的理论探索和建设，也必将负起时代要求，任重而道远。

较之于国际文化产业的全面兴起，我国文化产业的出现并不过于太晚。这种特定的发展特征，既给了我们历史的借鉴，又给了我们赶超的机会。我们策划翻译这套《当代世界文化创意产业经典译丛》，欲帮助人们更多汲取世界文化产业的研究成果，为促进我国文化产业的加速发展贡献一份力量。这也是这套译丛的缘起和目的。

这套译丛的规划，注重把握几个方面：一是面向我国文化产业的现实需要，按照行业分类，旨在学以致用，选择实用性强的权威著作；二是选择顺应发展趋势的前沿性研究的最新成果；三是注重选择经典性的基础理论著作。为此,我们搜索了国外上千种相关出版物,选取了百余种备选小书库,拟不断调整充实,分批推出。在翻译要求上,力求在忠实原作基础上,注重通顺易读,尽量摒弃"洋腔洋调"。

一个文明社会的形成必须以无数文明个人的产生与存在为前提。倘若天下尽是熙熙攘攘地为追逐钱财而罔顾其他一切,不仅与马克思所言之"人的全面解放"状态无疑相去极远,更与人性完全相悖。现代社会不仅意味着人们在物资生活层面的丰富,更加要求精神生活层面的提高。今天,文化的发展已经成为众所公认的一个急迫任务,各文化事业单位、相关高等院校和专业则理所应当地属于攻坚克难的先锋。文化的开放是文化发展的前提之一。为此,当下和未来,我们均需大量能够体现世界文化创意产业先进水平和最新进展的教辅与参考资料。围绕着文化创意产业之主题,本丛书将精选全球各主要出版公司的前沿专著和教材,从这里眺望世界,犹如登高望远,愿您有别样的视野和收获。

远眺·当代世界文化创意产业经典译丛 编委会

序　言

　　为何要撰写这部关于文化组织营销之书的第三版呢？难道文化组织自己还不明白需要了解营销策略吗？往日，受益于政府的各种补贴，文化组织多少能够回避现实市场的严酷，只需借助简单的技术就能获得受众。然而，时至今日，由于这些补贴随着政府规模的缩小而减少，文化组织已经认识到，自己必须更加娴熟地把握营销之道。

　　针对艺术活动的参与者问题，兼顾年龄、性别、教育水平和族群等诸多因素，过去 20 年间已经完成了多项意义重大的研究。根据这些工作成果，各文化组织开展了许多普及和推广活动，运用能够打动各种特定群体的消息，传播有益的思想。

　　现在已是时候，我们需要反思一下那种将传统的促销方式当作解决上座率问题之唯一途径的思路。文化活动参与者的减少和下降应该归因于我们在选择、消费乃至生产产品的方式上发生了极大的变化，文化产品当然也不例外。导致这些变化的关键就在于通常被称为"社交媒体"的新型通信技术的出现，而人们购买和消费文化产品的方式也发生了相应的变化。因此，今天的文化组织必须运用营销方式构建"组织者—消费者"的关系。这种关系必须是相互平等的，包括文化组织必须倾听消费者的意见，进而积极地做出回应。

　　社交媒体技术的运用已经造就了全新的消费者，即文化参与者。这些技术使得所有人都很容易公开表述自己对于文化产品的独立见解。因此，相比文化组织而言，消费者能够更加有效地宣传产品，包括正反两个方面在内。社交媒体技术还使得人们能够自行创作和分享艺术作品、照片、视频或博客留言。这些无疑改变了公众对于文化层次的看法,因为现在人人都具备了成为艺术家的机会。

对文化组织来说,通信技术的广泛运用提出了两种全面挑战,即如何运用社交媒体技术构建与大众的关系以交流信息,以及如何促使消费者参与文化产品的创作过程。本书将全面地论述这些挑战。

本书有助于各种规模文化组织的工作者把营销技术运用于自己的组织。这一点构成了本书的基本内容,它们能够在履行组织使命的同时加以实施。本书专注于与文化组织目前所面临的挑战关系最为密切的那些营销问题,包括如何确定自己的市场覆盖面、文化产品的定位,以及如何运用社交媒体技术促使受众参与文化活动。

本书可用作艺术管理专业学生的单项或补充读物,还可用于标准营销课程的教材。鉴于非营利性组织与营利性组织的界限日趋模糊,本书所论述的各种挑战同样适用于各类学生。

书中的各种例子意在说明文化组织如何才能成功地运用营销策略。我们希望,本书能够启发文化组织的营销和管理者根据新的创意去应对新的挑战。学生和实际工作者则可利用书末的工作表格构思自己的营销计划。

第1章探讨文化组织目前所面临的各种挑战,包括它们的历史和演变过程。重点在于文化组织经营所需正视的环境变迁,因为它们已经提出了诸多难以回避的全新挑战。

第2章详细考察大众对有关文化的看法是如何发生变化的。高雅和通俗文化之间界限的渐趋模糊、受众对于娱乐的需求以及社交媒体技术的应用,这些都极大地改变了文化组织向受众传送有关艺术的定义和进行恰当表述的能力。我们还阐述了阿多诺(Adorno)、甘斯(Gans)和布迪厄(Bourdieu)等人的观点。

第3章讨论各种传媒的受众模式,包括如何构建文化消费者,重点考察"文化参与者"这一新的理念。本章还论述了年龄、价值观的变化将如何影响他们的参与方式。

第 4 章关注的是文化组织内部、外部和消费者的各种力量,因为它们都会影响营销计划的制订。还介绍了营销的各个构成要素,以及制作、销售与营销运作市场方法之间的差异。

第 5 章探讨消费者的各种动因,以及他们的购买过程、所要搜寻的效益如何能够帮助文化组织制定营销策略。为争取受众而使用的市场分块法是第 6 章的核心内容,该章尤其关注如何应对文化游客的问题。第 7 章论述了如何研究受众的问题,重点在于小型文化组织如何使用质化分析技术这一议题。

第 8 章论述文化产品及其各种特性、效益和传播。解释了如何把文化视为一种产品,文化组织可对其实施包装,从而能够向消费者提供多重效益。第 9 章考察非营利性质以及相应的融资压力对于文化组织的影响。我们还考虑了不同的定价理念及其对于非营利性组织的用途。第 10 章则讨论如何利用社交媒体技术、广告、销售激励、个性化销售、公共关系和直销进行文化产品的促销。

目 录

总序/001

序言/001

第 1 章　文化营销面临的各种挑战/001
新的现实/001
文化组织/003
文化的营销/009
新型营销关系/015
总结/019

第 2 章　从高雅艺术文化到通俗文化/021
营销的定义/022
高雅文化与通俗文化/022
高雅艺术膜拜的演变/024
通俗文化及其市场的形成/029
皮埃尔·布迪厄：文化品位/034
今天的文化层级/038
总结/040

第3章 新型的文化参与者/042

各个年龄群体参与者数目的下降/043

参与的程度/046

关于文化活动参与的模式/048

关于文化消费者的"教育"问题/050

从文化消费者到文化参与者/053

新型文化参与形式/055

文化的平等地位/056

新的参与模式/058

总结/060

第4章 营销和环境/063

营销思路/063

改变组织的重点/066

营销和文化组织/067

从受众开发到受众关系模式/070

营销的各个要素/071

营销的"4P"和"7P"原则/071

情景分析/073

总结/081

第5章 消费者动因和购买过程/083

产品的各种效益/083

娱乐的愿望/085

消费者的决策/086

购买过程/088

确定需要或问题/088

信息搜寻/089
消费者的动因/092
马斯洛的"需求层次"理论/099
总结/101

第6章 消费者细分/103
制定市场细分策略/103
受众的开发/104
受众定位策略/107
市场细分的方法/108
实施市场细分的过程/112
设计营销信息/115
作为细分市场的游客/117
对文化游客市场的细分/119
总结/121

第7章 消费者研究/123
各种类型的研究/123
开展市场调研/125
研究的问题/129
研究的分类/130
研究的方法/133
总结/144

第8章 产品和活动地点/146
独特的服务特性/146
产品知识/149

产品分类/154

不同文化产品的比较/155

品牌化/157

文化产品的包装/159

文化的传播/160

总结/165

第9章 作为销售额来源的定价和资助/168

文化组织的公共资助/168

非营利身份的含义/171

定价方法/174

各种定价方法的结合/178

降低客户的价格敏感度/181

资金的筹措/182

公司赞助问题/183

总结/185

第10章 营销信息的推广/188

营销信息/188

创新的扩散/190

促销信息和创新的传播/194

促销工作和方法/194

广告的制作/195

公共关系/201

社交媒体和直销/203

总结/208

附件　营销工作表格/210
　　附表1　营销计划流程表/210
　　附表2　内部环境和客户分析流程表/211
　　附表3　外部环境分析流程表/212
　　附表4　竞争者分析流程表/213
　　附表5　买方动因流程表/214
　　附表6　购买过程/214
　　附表7　市场细分流程表/215
　　附表8　研究建议流程表/216
　　附表9　产品流程表/217
　　附表10　分销流程表/218
　　附表11　定价流程表/218
　　附表12　促销计划流程表/219

第 1 章　文化营销面临的各种挑战

自从 20 世纪 70 年代以来，各文化组织就一直在运用营销技术，也就是把近期即将举办的各种文化活动通知潜在的消费者。然而，这纯属一种非常简单的营销手段，只能作为一种普及和宣传的手段，但在当时却是必备之事。我们都知道，艺术作品的品位多少会高于大众娱乐，受众应该对前者予以支持和赞助。当时，虽然各文化组织针对消费者使用了营销手段，但它还只是属于提供文化活动信息的一种交流手段。

然而，技术和社会的变迁使得这种简单化的营销形式已经变成明日黄花。现在，文化组织必须制定新的营销策略，同消费者进行双向交流，并且构建某种新型的关系。由于需要应对各种新的营销挑战，营销策略的制定能够为文化组织提供指南。

新的现实

过去十年间，通信技术已经发生了诸多重大变化，而不只是改变了人们的交流方式。现在，人们即刻就能够接触到无限的信息和潮水一般的各种意见，而他们购买、消费产品的方式也发生了变化。由此，消费者与文化组织之间的关系不再只是被动地体验后者的艺术产品或者是艺术家把自己的想法告知普通受众，而是必须构建某种渠道，使得受众能够交换意见，甚至参与创作过程。

鉴于公众的文化和艺术观念已发生了根本性的转变，文化组织必须调整自己的视角。自从商业性通俗文化兴起以来，各类文化产品之间的传统界限已趋于淡化（DiMaggio, 2000），人们对于高雅艺术和通俗文化之差别的看法也已不同，这就使得文化组织同受众之间的关系蔚然改观。现在，很多人不再信奉文化层次。在他们看来，高雅艺术未必一定会比通俗文化更有价值（Johnson, 2006）。取而代之，他们认为，由于技术和社会的变迁，自己和艺术家已然处在平等的地位；而依旧尚存的唯一区别就在于，消费者是否欣赏某种文化。

技术变迁

现代技术已经创造出了在过去时期无法想象的新型通信手段。今天，由于远程的文字和图像传递已变得更加便利，网上社群同样也具有了某种"真实性"，就像实际的社群一样有效。人们历来都会分享他们对于各种组织和产品的看法，而网民群体的意见则传播得更加快捷、广泛（Dreyer and Grant, 2010）。这就要求文化组织必须营造具备针对性的营销信息，以便传递给那些群体。

文化组织的工作不应该仅仅限于交流，它还需要建立某种渠道，促使那些群体能够积极而深入地同组织进行交流。过去，艺术完全属于艺术家们的工作，作品完成之后再传给受众，而今天的技术已经使得所有人都能够参与到创作过程。受众或许仍会觉得艺术家拥有更高的技能或者更有益的信息，但与自己相比，也只不过是程度问题，并没有根本的差异。因为具备了从事创作的技术能力，过去那种被动欣赏文化组织作品的做法已让人感到单调乏味（Simon, 2010）。为此，今天的文化组织应该运用各种技术使得受众能够参与创作过程。为了实现这一目标，针对特定形式的艺术作品，文化组织必须营造自己的网上群体。实现这一步并不困难，因为围绕着各种艺术，人们总是能够形成趣味相投的群体。

利用手机与不同年龄和族群的人进行沟通

究竟有哪些人拥有智能手机呢？在美国,成年人的智能手机拥有率已从 2011 年的 35% 增加到了 2012 年的 46%。(此外还有 41% 的人拥有普通手机。)这些手机有哪些用途会令文化组织感兴趣呢？74% 的人都会用于接收当地信息,诸如周边新闻或者各种指南。18% 的智能手机用户用它获取地标社交(geosocial)信息(诸如 Foursquare、Gowalla 和其他)。确定用户的身份是一项意义非凡的工作。现在,在 19~23 岁的智能手机用户中,有 23% 的人使用这种服务。这一点不足为奇。但是,在 30~49 岁的成年人则有 17%,而 50 岁以上者有 14% 使用这项服务,相差并不太大。非洲裔美国人(21%)和西班牙裔美国人(17%)要比白种人、非西班牙裔的智能手机持有者(17%)更多地使用这些服务。因此,文化组织应该考虑的是,当这些群体进入地标社交网址时,如何确保他们能够满足心愿。

皮尤研究中心①(Pew Research Center,2012)

社会的变迁

技术进步所导致的社会变迁同样也是意义深远。高雅艺术文化(High Culture)和通俗文化的界限日渐模糊,这一趋势已经出现了一段时间。随着社会网络化的形成,可以认为,这种模糊化已经成为事实。现在,文化消费者只是在各类文化产品之间寻求某些差异,而不是认为它们存在着层次高低。在过去,作为传统的守护者,文化组织告诉公众什么是好的或者不好的艺术;现在,这些都已被无名的博客们所取代。他们现在相互分享有关哪些艺术作品易于或者无法理解

---

① 皮尤研究中心是美国的一间独立性民调机构,受皮尤慈善基金资助,该中心对那些影响美国乃至世界的问题、态度与潮流提供信息资料。

的意见(Keen,2007)。

从20世纪末开始,高雅艺术文化和通俗文化之间的传统层次趋于消失,因为越来越多的人已经无意再去评判两者的相对价值,而是同时消费两者(Staniszewski,1995)。今天,消费者对于文化的看法是,自己的生活可以通过更多类型的体验而更加丰富,因而非常乐于同他人分享。他们觉得,与网络群体分享自己的某种社交体验与这种体验本身同样重要。其实,许多消费者尚未发现个中的奥妙所在,因为与社群分享这件事本身就属于一种体验。

这种社群式分享具备三种形式(Hollman and Young,2012)。人们希望同其他现有的或者潜在的用户分享由产品所带来的快意或失望;他们希望同文化组织分享有关如何改进产品的想法;最后,他们还乐于帮助其他用户解答有关产品的各种问题。无疑,文化组织必须为实现这些分享创造条件。

文化组织

出于某种原因,本书将使用"文化组织"(cultural organization)而不是"艺术机构"(art institution)这一术语。文化组织应该把自己当作所在社群的成员之一,应该把自己的艺术视为需要获得分享的事物。出于这一原因,我们没有使用"艺术"这一术语,而是使用含义更加宽泛的"文化",用以表示为了交流文化价值观念,某一社群所营造的所有文化活动或对象。再者,我们以"组织"一词取代"机构","机构"指的是某个具体的场所,但"组织"则表示人们组成的各种社群。虽然隶属某个组织的人有可能在某幢建筑物内工作,但他们不会受限于它。事实上,一个组织可以没有自己的独立空间,而是在其他公共或者私人机构中运作,或者根本就没有实际场所而完全在网络空间经营。

文化组织的管理和目的通常因国别而异，但就创作意图和服务对象而言，各国之间仍然存在着清晰可辨的诸多相似之处（Hudson，1987）。例如，美国和日本在博物馆内部布局方面可能各有特色，但是两者都属于博物馆这一点却是非常明确的。对于剧院、古典音乐、歌剧和舞剧来说，情况同样如此。与此相类似，技术和文化变迁是在全球范围内发生的。基于这些因素，本书有关营销的内容应该适用于各个国家。

文化组织的发展历程

如果说信息交流、艺术创作均发自于人类的内在激情，那就总是会有艺术家出现。但是，为了生存，他们的个人创作自由必须以作品能够卖得出去为前提。这一点同样也是现代社会变化的部分实情。在以往大多数时候，获得生活必需品都是一个难以解决的问题，为了证明存在的价值，艺术创作必须具备某种社会功能。对于那些纯粹的艺术创作，并没有可以轻易获得的资源或者物质激励。

自从社会根据规则而由统治者加以组织开始，统治者就拥有金钱和时间而指令艺术家只为自己进行创作。许多作品都带有精神激励意义而服务于宗教。在漫长的历史时期中，只有皇室和教堂拥有资助艺术的财富。在中世纪时期，艺术家们为教堂创作用于膜拜的作品，为皇室的娱乐创作享用品。除了实际用途之外，对于这两个群体来说，艺术还构成了地位的象征。

在文艺复兴时期，随着欧洲社会财富的增加，对艺术的赞助开始加大。与皇室和教会一起，各大商业家族同样开始在资助艺术家个人生活方面发挥重要作用。新近致富的商人们开始赞助艺术家们（Sweetman，1998），他们在艺术表演或者作品上进行消费以打发日益增多的休闲时间，或者把它们当作装饰家庭的艺术藏品。仅就个人而言，这些商人尚未富裕到能够资助某位艺术家的程度，但是，由于他们都纷纷购买艺术品，艺术家们的生计得以维持。皇室成员、教堂和商人们的赞助为艺术家提供了经济资助。作为交换，艺术家的所谓职责就是提供能够取悦于那些资助者品位的艺术品。因此，艺术家自身的审美观被认为是次要的，如果说他还想获得资助的话。

欧洲的工业革命促进了财富和城镇实力的增长。各级政府开始承担起资助艺术家的责任，这种责任在过去属于宫廷、教会和商人家族。事实上，为了获得那些最著名艺术家们的服务，各城市之间通常会相互竞争，而竞争的方式则与现代各城市足球队之间的竞赛相近。不再像过去那样把艺术家们当作纯粹的工匠，其技能只不过是当作为他人增光添彩的手段，欧洲社会开始把他们当作一个特殊的群体，应该有资格根据自身理念从事艺术创作。

另一方面，不再是直接赞助艺术家，各个城市和富商现在转而为那些资助艺术家或展示艺术作品的各种组织提供资金；而艺术家们也不再需要依靠宗教或皇室的赞助或者听命于商人们的各种怪诞想法。由此，人们开始考虑组建资助艺术家的专业性管理机构（Björkegren，1996）。

这些文化组织取代了往日的赞助者，而且在市场上产生了独到的功效，因为它们能够提供营利性公司无法或不愿提供的产品和服务。鉴于文化组织可以依靠各种补贴，故而通常根本无须考虑如何运用收入去弥补成本的问题。

在当代社会，文化组织的各种活动事宜均由公共基金提供资助，后者的员工并不是艺术家，但却充分地尊重艺术家们的见解。决定文化产品价值的大多是作为守护者的这些公司管理者。因为文化组织只会展示那些具有价值的作品，所以获得展出这一点本身也就对作品赋予了价值（Bourdieu，1993）。

现在，文化组织自身的作用同样也受到了质疑。借助于各种现代技术，人们能够独立地欣赏、创作和分享艺术和文化作品，但是文化组织在艺术分享过程中混合了教育和倡导,文化的传统作用依然如故。即使没有文化组织的参与,公众依然能够开展文化产品方面的教育、倡导和分享。文化组织将不再是领导者,而仅仅只是参与者。然而,通过与公众的平等对话,文化组织能够更加有效地传播信息和履行使命(Notter and Grant,2011)。

钢琴消逝何处?

不仅仅是艺术家和艺术组织,即便是乐器也在竭力求得生存。钢琴的黄金岁月是在 20 世纪初。是时,美国制造了数百万台钢琴。在 1910 年,其销售量为 365 000 台,但到了 2011 年却仅仅只有 41 000 台。不仅是新的钢琴难以售出,那些陈旧的钢琴也同样无人问津。现在,旧钢琴时常被遗弃在山坡上,因为连白送都无人肯收。为何会出现这种情形呢?因为钢琴已不再是家庭娱乐活动的中心。此外,人们不再报名参加钢琴课,中小学削减了音乐教育课目,而不景气的房产市场更是使得人们无法再为新的住宅购买钢琴。YouTube 网站上传了一段关于诸多钢琴被遗弃在山坡上的视频之后,观众们纷纷表示愤慨。一家钢琴领取网站因此而成立,但却并不奏效,因为无人愿意前来领取钢琴。

华建(Wakin,2012)

当前面临的各种挑战

根据兰德公司(Rand Corporation)的一项研究,20 世纪末,在创作高雅文化产品的非营利性组织与创作通俗文化产品的营利性组织之间,过去的那种严格界限已然消失(McCarthy et al.,2001)。今天,局外人甚至无法判断某个文化组织究竟是营利性的还是非营利性的。

兰德公司预测,对于营利性和非营利性组织来说,未来的文化产品创作将在供应对象方面展开竞争。其中的差别在于,营利性组织的目标是大量的普通受众，而非营利性组织的目标则是那些愿意体验高雅文化的特定受众。从规模角度而论，小型营利性公司的文化产品将服务于特定的受众群体，而小型非营利性组织则专注于当地的、民族的文化市场。

现在，从事高雅文化的非营利性组织与从事通俗文化的营利性组织之间的固有界限已经消失。非营利性文化组织同样需要关注产品的营销问题，所以聘请了营销专家；而从事通俗文化产品制作的营利性组织同样也能吸引天才艺术家们为其工作。在营利性的传媒行业中，文化设计和娱乐公司尤其擅长合理地发挥艺术家们的天才。

目前，文化基金的削减及其造就的收入压力进一步加速了上述界限的淡化。非营利性组织也在增加创收性活动，以便同营利性公司展开竞争。例如，非营利性文化组织可以开办礼品店或咖啡馆，甚至停车场，以便同那些提供相似产品和服务的当地公司展开竞争。鉴于礼品店和咖啡馆现已非常普遍，某些文化组织还拥有非常老道的生意管理技能，包括邮购业务、影带制作、房产出租，甚至出租和销售其产品。无疑，所有这些都需要开展营销活动。

然而，上述两类组织还有一种重要区别。身处营利领域的大众文化公司，如果必要的话，可以改动艺术家的产品而使其原作变得面目全非。为了迎合市场的需要，公司甚至可以舍弃原作，转而制作全新的通俗文化形式。因为创作者或艺术家受雇于营利公司，公司完全能够为了吸引消费者和营利之目的而采用和改动作品。

然而，非营利文化组织却无法为了应对市场而改动艺术作品，因为它们原本就是为艺术家的个人作品提供服务，所以必须维持其创作理念。然而，在保留艺术形式的同时，文化组织依然可以采用那些更加能够打动消费者的营销方式。

文化组织所面临的独特挑战就在于，如何能够在贯彻其宗旨的同时采纳营利性公司那样的营销策略。事实上，广播/出版、录像、多媒体、运动/娱乐以及旅游等领域的营销策略都对文化组织很有帮助。此类公司与非营利性文化组织密切相关,因为它们同样也能够依靠艺术天才们创作产品,从而提供见识和娱乐。事实上,为了把产品提供给相同的消费者,这类营利性和非营利性组织时常会相互竞争。

博物馆:送旧迎新

在英国的曼彻斯特,在"都市生活博物馆"关闭两年后,新的"国家足球博物馆"又在相同的地点开馆。后者不仅着眼于年轻的铁杆球迷,并且面向那些只具备基本足球知识者以及那些留恋足球之昔日荣耀者。它是如何使得这些不同的消费者群体都会光临的呢?通过举办各种展出,它实现了这一点。在那里,访客们可以观赏各种互动式的展览和活动,甚至可以扮演某场比赛的评论员。另一方面,访客们可以观赏各种艺术精品,以及把足球同其他艺术形式挂钩的各种短期展览。无论人们的足球知识水平如何,该博物馆都力图为他们提供一个饶有趣味的去处。

费尔德(Feld,2012)

文化的营销

20世纪70年代,艺术管理领域从一门独特的职业而趋于大众化。由于艺术家们无需再依赖于来自个人的赞助,艺术管理得以从先前的艺术推销者角色中派生出来,而推销者的工作就是为艺术家们寻找普通的受众。艺术家与推销者之间并不是合作关系,而是由推销者为艺术家提供服务。

文化组织的扩充正是为了迎合对于新型传媒的需要。新型艺术管理者服务于文化组织而非直接服务于艺术家,但其作用却与艺术推销者相类似,即满足艺术家的需要。对于艺术管理者而言,其成功的标志就是帮助艺术家实现其艺术目标,而金钱报酬则是第二位的。因此,艺术管理被视为尤其适宜于那些爱好艺术的女性,因为该领域没有生意场上那种你死我活的竞争氛围。

不为追逐利润,艺术管理者的任务是对来自于州一级政府和赞助者们的财务资源实施分配并监督整个组织,确保艺术家能够找到并拥有受众。管理者首先应该关注的是艺术创作,并且期待能有受众愿意光顾。在过去,建立组织的首要动因是艺术作品,然后是更大的社会公益,第三步才是为消费者提供服务,毋庸惊讶,它们并不注重营销问题。除了考虑如何让艺术项目或者艺术展览能够赏心悦目,它们并不关注消费者的想法。事实上,他们很少提及"营销"一词。

过去,人们一直认为,可以非常自然地区别文化组织管理与其他类型的生意组织。基于这种看法,文化组织的工作者并不认为需要把自己的组织作为某种生意进行管理。在他们看来,文化组织的管理具有另外一套规则——就像对于艺术家们存在着不同的规则那样。两者都可以摆脱那些为了生存而必须开展的艰难业务,无须极力验证其作品或取悦于公众。

只是到了 20 世纪 70 年代,文化组织方才逐步认识到,若要获得足够的受众,必须把自己的艺术品推销给公众(Heilbrun and Gray,2001)。因此,各文化组织纷纷建立起营销部门。最初,这些部门制定的营销策略是沿用生意推销的标准做法,即仅仅只是发布广告,为的是广泛传播有关近期艺术作品的营销信息。

各文化组织已经竭尽全力。它们全都拥有某种艺术策略,包括所要展示的艺术类型和特定的艺术家。新设立的营销部门被刻意与文化组织的艺术策略变化保持一定的距离,竭力确保文化产品不会受制于营销部门的需求。因此,它们不可能制定出能够关注公众需要和愿望的营销策略。

然而,一个关键的问题是,在制定组织内部的艺术策略时,必须考虑到营销部门有关外部环境的知识,包括技术的和社会的变迁在内。这并不意味着营销将会或者应该控制文化组织或艺术品。其含义是,若要为了生存而展示艺术品,文化组织必须对消费者的需求做出某些妥协。

文化组织历来就对营销抱有负面看法,其理由包括,营销意味着滥用金钱,对于资源已经拮据的文化组织来说纯属无谓支出。另一种负面偏见是,营销属于带有冒犯和操控性质的举措,使用营销策略就等于清仓贱卖,所以这种做法并不比那些销售通俗文化产品的营利性公司强多少。这种看法或许产生于这样一个事实,一般在文化组织工作的人都倾向于回避那些追逐利润的环境。值得庆幸的是,这种看法已然过时了。

处处都在削减资金

荷兰的国际舞团(International Danstheatre)已经获悉,政府的资助将会削减,但却未曾料到它会完全停止资助。该公司已经把它的融资要求从 280 万欧元减少到 90 万欧元,但却依然分文未获。这个舞团,每年约有 8 万受众,已经成立了半个世纪。为了降低融资要求,它已经把员工从 54 人裁减到 3 人。然而,这种意在表明它们能够使得组织经营更加节俭的努力却未能挽救它。并不是对舞蹈公司另眼相看,荷兰政府对于所有艺术和文化项目的资助都削减了 25%,许多文化组织不得不削减资金甚至关闭。凭借着与其他公司的合伙关系,国际舞团尚可再维持一段时间。对于那些缺乏其他维系手段的艺术组织来说,前景则是极其暗淡。

道林(Dowling,2012)

人们现在已经明白,营销才是生存的关键所在。但是,文化组织的营销知识却可能有限。"营销"一词有时确实会与"促销"交替使用,但两个词的含义却是差别甚大。"促销"属于营销的一部分,也就是把产品的各种效益告知潜在的消费者。"营销"的含义则要宽泛许多，包括分析外部环境以便寻找机会的过程，针对特定消费者群体而开发某种产品，然后是确定价格，建立产品传播渠道，以及开展旨在同消费者建立联系的促销活动。

关于营销的新见解

过去，营销的功能仅限于向公众通告组织的产品、说服公众参与以及提请他们再度光顾。现在，营销已不再只是组织和公众实施交流的渠道，而是被视为围绕特定艺术形式而构建社群的途径。为此，营销必须能够建立文化组织与公众实施双向交流的渠道，这一点事关艺术作品的开发。如果与文化组织的其他部门脱节，营销也就失去了意义。

这无疑是一种积极进取的见解，因为文化组织在过去一直被看作提供艺术品及其信息的某种层级结构，而营销的唯一作用就是确保产品及其信息获得受众。

文化组织确实经历过很大部分的公众并不需要它们的产品。然而，文化组织可以帮助这些公众理解和欣赏各类艺术，因此，为了培养公众的艺术欣赏能力，文化组织越来越注重拓展项目。虽然这些项目与各公司建立了良好的关系，但却没有证据表明它们解决了公众的参与问题(Kolb, 2002)。

鉴于文化组织正面临着受众老龄化的问题，有关其未来前景的顾虑难以消弭(National Endowment for the Arts, 2008)，就连年长的受众也在日渐减少。更为令人震惊的是，即使在受教育程度最高的成年人群体中，受众也在急剧减少。鉴于对受众数目减少问题之顾虑的进一步延续，职能营销部门在文化组织内部获得了更多的发言权。再者，外来资助和政治压力迫使组织内部不再能够让艺术策略与营销策略相互脱节。为了增加受众和应对资金减少，许多文化组织不得不消除存在于艺术部门和营销部门之间的各种壁垒。

艺术部门关注的是组织的基本使命，营销部门则更加了解组织得以生存的外部环境，它们之间的合作是文化组织得以确定成功营销策略之关键，而营销计划则构成了实施这种策略的路线图。

布鲁克林交响乐团现已是布鲁克林的交响乐团

布鲁克林交响乐团(Brooklyn Orchestra)深陷财务困境之中，甚至考虑到了善后事宜。为此，他们把"布鲁克林交响乐团"改名为"布鲁克林的交响乐团"(the Brooklyn's Orchestra)。这种添加所有格符号的做法能够于事有补吗？该乐团重新制定了演出模式。他们从该市三个主要邻区的居民那里获得资金投入，即布莱顿海滩、贝佛得—斯达沃桑特和闹市区。他们的节目现在包括与各种街舞团队和俄罗斯卡通音乐的结合。这种演出理念是如何形成的呢？该乐团与一个来自各社区的消费者委员会一起工作，从而得以确定这种演出计划和演出地点。

范德穆伦(VanderMeulen, 2012)

制订营销计划

营销计划是文化组织所需遵循的路线图，以便实施新的营销策略。营销计划包括八个因素，其中第一个就是有关文化组织宗旨的声明。任何一项营销策略都必须遵循这一声明，否则就不应予以实施。

有些文化组织可能会急于制定出新的营销策略，而至关重要的一点是，这一步只有在完成情势分析之后方可进行。情势分析包括考察或甄别文化组织的内部环境、消费者以及外部环境。需要进行分析的内部因素包括组织的财务资源，以及员工和艺术家的技能与天赋。组织的类型，无论是属于管理保守还是承担风险者，同样也需要获得评估。只有在分析了现行营销策略及其功效之后，内部分析才算完成。

我们还需要分析文化组织的消费者环境。无疑,组织必须了解目前购买其产品的消费者身份,必须了解他们购买的时间和缘由;此外,还必须了解哪些人不会购买其产品及其缘由。

文化组织还需要分析外部环境,包括可能会对它产生影响的竞争状况、经济形势、政治和法律的变化趋势、技术进步和社会文化趋势。必须确定与它竞争的主要的非营利性和营利性组织,对这些竞争者进行分析,进而确定它们的强项和弱项。必须把握的其他外部环境因素还包括可能会影响公众支付意愿和赞助能力的经济趋势。政治和法律趋势同样也会影响文化组织的经营方式。此外,文化组织的融资还可能取决于执政者的身份。

文化组织还需把握技术的变化,因为消费者对它将会采用的技术产生某种预期。这些技术可以增进消费者与组织的交流,使得门票购买更加便利。人们的年龄分布、移民状况和家庭结构同样属于影响文化组织的因素。此外,若要使得文化产品能够打动消费者,还需要把握其生活方式和价值观的变化。

完成了上述分析后,组织就能明确把握自己区别于竞争者的独到优势。这种优势应该足以向消费者表明,我们的组织为何能够比竞争者更好地满足他们的需要。然后,文化组织就可确定营销目标,进而启动新的项目,设计新的促销活动,确定新的消费者群体目标。无论具体目标是什么,组织都必须列出相关的各项指标,即为了实现目标而必须完成的各项任务。

接下来,文化组织必须把某个适当的受众群体设定为营销目标。具体地说,可以选择扩大消费者的基数,或者把某个新的群体作为具体对象。这个群体可以根据年龄或族群之类人文因素而确定,也可根据年轻人或者追求时尚者的生活方式而确定,还可根据价值理念予以确定,诸如对于最新艺术形式或者传统艺术感兴趣者。

文化组织时常忽视的一个重要步骤是制订研究计划,而这却是确定营销目标的准确性和可靠性的一个必要步骤。相关的问题包括,是否有人对新的项目感兴趣?新的促销活动能否促进受众的参与?新的消费者群体想要获得哪些效益?在为了实现营销目标而投入更多的时间和金钱之前,文化组织必须研究这些问题。

因此,为了有能力向消费者提供效益,文化组织必须考虑如何调整自己的产品的传播和定价方式,同时还能够恪守自己独特的组织宗旨。最后一项工作是制订促销计划。

营销计划的要素

1. 关于组织宗旨的声明。
2. 环境分析:内部因素、资源和外部因素。
3. 竞争优势和营销目标。
4. 消费者分块分析。
5. 研究计划。
6. 创作和传播。
7. 各种定价方案。
8. 促销计划。

新型营销关系

今天,文化组织面临着或将持续数年的财务困境。正值需要营销费用以便吸引消费者和弥补政府资助减少之际,它们却无法得到多少资源。此外,它们还必须同其他组织争夺消费者,包括营利性的和非营利性的在内。

面临财务难题的不只是文化组织

人们对于各文化组织所面临的财务难题给予很大的关注,而提供艺术作品的艺术家们同样也面临着财务困境。他们大多无法扬名天下,维持生计本身就是一种挑战。无疑,艺术家们缺乏稳定的工作,无法享受公司福利或养老金项目。若再考虑到全球性的金融危机,他们的生活无疑愈发艰难。在视觉和实用艺术家中间,有1/3的人所挣金钱不足5 000英镑(即低于8 000美元)。这一数字显然不足以谋生。那么他们又是如何生活的呢?其中有75%的人通过其他工作赚取3/4以上的收入。音乐家们的情形也大致如此,他们中的90%所挣金钱不足15 000英镑(即低于24 000美元)。音乐词曲作者们的情况则更糟,其中90%的人只能挣到5 000英镑。对于文化组织来说,政府资助金额的削减同样对艺术家们造成了影响,因而无法举办更多的演出和展览。总之,在我们叹息日子难过之际,切莫忘记给予艺术家们一些同情。

营销有助于贯彻通过某种方式丰富人们生活的宗旨,所以它对非营利性组织不无裨益。为了制订营销计划,文化组织必须了解服务对象、服务方式和服务结果(Burnett,2007)。因此,生意术语得以进入文化组织(诸如,把服务对象称作顾客)及其经营过程(诸如,撰写营销计划)。这样一种情形可以提醒文化组织,购买任何作品都涉及交易,而顾客必须付出金钱、时间或精力,抑或三者兼具。

因此,文化组织必须开始注重营销,把它作为自己不可或缺的一部分,而不只是做一些事后的考察。现在,文化组织不仅需要把营销作为吸引参与者的促销术,而且还需明白,成功的营销可以构建它与消费者的关系。通过与传统技术或社交媒体技术的结合,文化组织必须找到同消费者进行交流的方式,因为外部环境已向它们提出了许多无法回避的新的挑战。

- 由于艺术不再被当作某种得享公众资助的神圣权利,文化组织现在必须注重公众的愿望。

- 消费者愿意同文化组织建立直接的关系,进而能够直接参与文化产品的营销和创作。

这些新型消费者有时被称为"免费经纪人"(Notter,2011)。他们不再是被动听命于文化组织,转而希望同组织进行对话与合作。文化组织应该与他们建立合作关系,以此作为传播信息、改善文化产品的途径。

新型文化消费者希望能够同文化组织建立合作关系和亲身体验文化创作,对组织来说,重要的一点是,营销计划不仅要包括新型的营销策略,而且还要运用各种技术让消费者感到自己属于专注于某种艺术或产品的社群(Notter,2011)。营销策略包括把文化产品包装成兼具文化和娱乐的各种活动。这种经过包装的活动包括各文化组织的合作、高雅和通俗文化的结合,以及借助新型传播渠道把文化产品传递给消费者。此外,经过包装的活动,可由文化组织或者公司作为构建社群或吸引游客的手段而加以宣传,同时满足人们丰富生活的意愿。通过增加公众接触艺术的机会,它们还可以提供激励消费者参与的一揽子效益组合。

现在,已经成为共识的是,营销策略可以运用于展示所有类型文化的组织,包括高雅的、大众的、当地的、族群的以及全球性的文化在内。然而,文化组织必须做的不只是学习营销技术。营销理论的一个基本见解就在于,消费者在钱货交易中是一个平等的合作者。迄今为止,文化组织一直采用据信对自己最有利的"自上而下"的方法;现在,它们需要学习的不只是如何发号施令,而且是必须与受众平等相待。

人人向往好买卖,但对文化组织有利吗?

为了招徕顾客,许多博物馆都在进行涉及金钱的活动。鉴于博物馆多年来大多是免费开放,这些日常交易属于新生事物。虽然高朋(Groupon)和生活社交(Living Social)①所提供的交易已经吸引了公众,而博物馆现在同样也能成功地提供这些交易。

---

① 这是美国两家最大的团购网站。——译者注

一项研究发现，近50%的博物馆都举办过此类活动。那些乐见其成者认为，这些交易吸引了一些通常无意问津的新访客；其他人则认为，这些活动产生了负面影响，如果必须支付日常费用，它们所吸引的人们将不会再度登门；还有一些人认为，日常交易将使得消费者关注这些交易。

《博物馆参观者之见解》(Museum Audience Insight，2012)

与消费者平等相处

非营利性组织知道自己具有教育、启迪和改变受众的使命，所以一直努力激励受众出席艺术活动和传播艺术知识。现在，这一目标必须加以拓展，即在履行使命的同时，努力引导公众参与组织和作品的创作工作。教育和启蒙将通过主动参与组织之方式而不是"自上而下"的信息传播来实现。文化组织必须通过实体的或者网上的社群营造和交流传播那些鼓励受众参与的信息，可以借助社交媒体技术手段将受众引入文化产品创作和互动过程。因此，文化活动的实际参与率将受到艺术和社群因素的双重影响。如果不从网上开启互动，文化组织或许也就难有受众问津。

在文化组织的营销部门，一些具有创造性的思考者已就如何应对这些挑战制定了各种策略，同时仍然能够维护组织的艺术理念。重要的是，其他人也能够吸取这些成功经验，使文化组织得以继续生存，丰富人们的生活，进而服务于社群。

因此，为了生存，即便消费者的文化欣赏标准和知识未必完全契合组织或艺术家的期望，文化组织也依然需要改变同公众交往的方式。就像教堂、寺庙和清真寺欢迎歌手那样，文化组织也应该欢迎那些"不纯正"的文化人。我们无法成为绝对神圣或者极具天赋的艺术家，但可通过尽力为之而获益。文化组织不仅需要敞开大门，而且应该能够吸引、欢迎和善待消费者；不仅需要倾听消费者的意见，而且还要引导他们参与组织计划的制订和文化产品的创作。

本书旨在服务于文化组织的工作者,因为他们知道,高质量的文化产品未必一定能够获得充足的受众。然而,他们还明白,技术能够有助于自己为受众提供不止于文化的更多内容(Shirky,2011)。他们可以为那些兴趣相投的人们提供相互联系的途径,为艺术爱好者们营造实体的或者网上的社群。今天,网上社群与实体社群在细枝末节上完全相同,完全能够用于满足相同的需要。在这个迅速变化的当今世界,如何自行调整而减少孤独感构成了一项很大的挑战。

总　结

技术和文化的各种变迁要求文化组织重新思考打动消费者的方式。文化组织的发展历程表明,它们由艺术赞助这一理念演变而来。今天,文化组织的使命已经转变为促进受众与艺术的互动。因此,营销在文化组织中的作用也从被动转变为主动。营销计划的运用可以帮助文化组织构建与消费者的关系;其途径在于,倾听消费者的意见,引导他们参与组织经营的全过程以及文化产品的开发。

参考文献

Björkegren, Dag. 1996. *The Culture Business*. New York: Routledge.
Bourdieu, Pierre. 1993. *The Field of Cultural Production: Essays on Art and Literature*. New York: Columbia University Press.
Burnett, John J. 2007. *Nonprofit Marketing Best Practices*. Hoboken, New Jersey: John Wiley & Sons.
Day, Elizabeth. 2012. "Can you Make a Living as an Artist?" *The Guardian*, July 28.
DiMaggio, Paul. 2000. "Social Structure, Institutions, and Cultural Goods: The Case of the United States." *The Politics of Culture: Policy Perspectives for Individuals, Institutions, and Communities*. New York: The New Press.
Dowling, Siobhan. 2012 "European Arts Cutes: Dutch Dance Loses Out as Netherlands Slashes Funding." *Guardian*. UK. August 2.
Dreyer, Linda, and Maddie Grant. 2010. *Open Community: A little book of big ideas for associations navigating the social web*. Madison: Wisconsin. Omnipress.

Feld, Kate. 2012. "Kick-off: The National Football Museum Opens" July 13. http://www.creativetourist.com/featured/kick-off-the-national-football-museum-opens.

Heilbrun James, and Gray, Charles. 2001. *The Economics of Art and Culture: An American Perspective*, Cambridge: Cambridge University Press.

Hudson, Kenneth. 1987. *Museums of Influence*. Cambridge: Cambridge University Press.

Johnson, Steven. 2006. *Everything that is Bad is Good For You: How Today's Popular Culture is Actually Making us Smarter*. New York: Riverhead Books.

Keen, Andrew. 2007. *The Cult of the Amateur: How Today's Internet is Killing Our Culture*. New York: Doubleday/Currency.

Kolb, Bonita. 2001. "The Effect of Generational Change on Classical Music Concert Attendance and Orchestras' Responses in the UK and US." *Cultural Trends*, Issue 41.

McCarthy, Kevin, Brooks, Arthus, Lowell, Julia, and Zakaras, Laura. 2001. *The Performing Arts in a New Era*. Santa Monica, California: The Rand Corporation.

Museum Audience Insight. 2012. "Audience Research, Trends, Observations from Reach Advisors and Friends." July 24. http://reachadvisors.typepad.com/museum_audience_insight/2012/07/free-admission-days-and-daily-deals-.html.

National Endowment for the Arts. 2008. *Arts Participation 2008*. Washington, DC: National Endowment for the Arts.

Notter, Jamie, and Maddie Grant. 2011. *Humanize: How People-Centric Organizations Succeed in a Social World*. Indianapolis, Indiana: Que.

Pew Research Center. 2011. *Three Quarters or Smartphone Owners Use Location-Based Services*. Washington, DC: Pew Research Center's Internet & American Life Project.

Shirky, Clay. 2011. *Cognitive Surplus: How Technology Makes Consumers into Collaborators*. London: Penguin Books.

Simon, Nina. 2010. *The Participatory Museum*. Santa Cruz, California: Museum2.0.

Staniszewski, Mary Ann. 1995. *Seeing is Believing: Creating the Culture of Art*. New York: Penguin.

Sweetman, John. 1998. *The Enlightenment and the Age of Revolution 1700–1859*. London: Longman.

VanderMeulen, Ian. 2012. "Brooklyn Bridges." *Symphony*. Summer.

Wakin, Daniel. 2012. "For More Pianos, Last Note is Thud in the Dump." *New York Times*. July 29.

第 2 章　从高雅艺术文化到通俗文化

从前,文化组织在受众和资金两个方面都仰仗于外来的资助。在过去的 25 年间,外部环境发生的变化造就了新型的受众,即"文化消费者"。在看待和消费文化产品的方式上,他们和传统的受众已相去甚远。文化消费者未必都认为高雅艺术要比描绘日常生活的通俗文化更有价值。这两类受众的区别还体现在,文化消费者不会局限于参与某一类型的活动,而是想要同时欣赏高雅艺术和通俗文化,并且并不介意在文化活动中同时兼顾两者。

过去十年间,人们看待文化的方式同样也是变化极大。社交媒体技术的发展使得大家现在都能够自由地从事艺术创作,由此产生了新型的文化参与者,即那些自认为与艺术家处在平等地位并且愿意与文化组织进行合作的人们。文化参与者仍然愿意进行文化消费,但却要求采取平等的方式。在把握这些根本性变化之前,我们有必要了解西方社会在过去是如何区分高雅艺术和通俗文化的。

我们跳舞吗?

若在夏季前往布鲁塞尔,我们就应该出席舞会。Bal Moderne 舞蹈公司努力通过引导人们举办公园舞会来分享自己工作的快乐。公司编制了简单易学的三段舞蹈。这些舞蹈虽不复杂,但却包含了艺术特质。人们由一些不做评判的老师教习跳舞,每个人的自尊心都能得到增强。那些曾经自认为不会跳舞的人会突然发现,自己完全能够做到这一点。与此同时,他们也同其他各类市民进行交往。有没有更好的办法度过这个夏夜呢?到公园去跳舞!

《布鲁塞尔生活》(Brussels Life,2012)

营销的定义

美国营销学会(the American Marketing Association)关于"营销"的定义是,"围绕着对于消费者、客户、合作者和整个社会具有价值的事物所展开的活动、一组规制,以及创造、交流、交付和交换的过程"。营销实践就是实施这种基本的人类行为,进行筹划,付诸实施。

值得注意的是,由这种定义所提出的交换不只是为了满足文化组织本身。即使在过去,营销也从未被看作操纵人们去做自己不愿参与之事的手段。就算组织想要如此行事也难以获得长期收益。与此相似,该定义要求社会付出代价去满足个人,所以营销属于某种兼顾所有人之需要的交换。

营销过程的部分内容是,交流有利于消费者的需要以及文化组织如何予以满足的信息。个人显示其所需,而组织则展示其产品。如果没有哪个组织可以满足他们,个人或许就会调整其需要;如果组织无法满足潜在消费者的需要,它可能就应该调整产品。同样值得指出的一点是,这一定义把营销描述为理念、产品或服务的"创造"过程。营销部门可以参与决定制作哪种产品。这也正是文化组织通常会反对这种营销定义的原因,并且把这一点当作营销不适合文化组织的理由。

高雅文化与通俗文化

为了成功地吸引文化消费者和新型艺术参与者,在制定营销策略时，必须把握高雅文化和通俗文化的传统界限。它意味着，高雅艺术产生于艺术家的内省，其作品包含了独特性和个人寓意。创作高雅艺术作品时，艺术家并不会考虑那些最终可能购买、观赏艺术作品的消费者有何想法和需要。艺术作品属于艺术家个人理念的产物，而不是着眼于消费者的购买而制造的产品。

另一方面，大众艺术的特点则是注重消费者的需要，后者在消费文化产品时确定了其意义所在。因此，消费者的想法和愿望主导了通俗文化产品的制作。如果消费者改变了想法，制作者就必须为他们提供更新的通俗文化产品。

当然，上述这些单一立场终归有些失之偏颇。为了谋生，创作高雅艺术作品的艺术家通常也会考虑到未来购买者的潜在需要；而创作大众艺术品的艺术家也有可能接受过正规的艺术培训，同样也能根据内在感受进行创作。

文化组织和通俗文化

对文化组织来说，在过去，高雅艺术和通俗文化两者的区别极为重要。事实上，在拟定营销策略时，文化组织曾一直竭力使其作品不受市场需要的干扰。现在，制订营销计划所产生的效果之一是，文化组织得以重新思考高雅艺术和通俗文化之间的所谓界限，以及这些界限究竟还有多少现实意义。现在，只要不悖其宗旨，文化组织就应该接纳受众参与产品的创作，即便他们会添加上通俗文化的许多特性。尤其重要的一点是，现在已经没有多少消费者还会看重所谓的"文化界限"。

值得指出的是，高雅艺术和通俗文化的严格界限形成并不久远。作为针对工业革命的某种反应，它在19世纪期间形成于欧美国家。工业革命导致了产品的大规模生产和新型中产阶层的崛起。为了民主的可行，需要让大众知道哪些才是值得欣赏的正确文化（Butsch，2008）。

令许多文化组织担忧的是,如果通过社交媒体网络发表看法或交换意见,那些好发议论者(free agents)会令消费者只关注那些最为知名艺术家的作品;相形之下,相反的情形也有可能出现。分享某种特定艺术形式的网上社群,无论是俄罗斯电影还是政论剧,都会乐于发现和分享有关挑战性作品的信息,而这种兴趣还会与作品的挑战性一起增长(Dolgin,2012)。

这才叫艺术

"'艺术'一词,正如我们现在所理解的那样,是到18世纪才获得其现代含义的,即由某位具有天赋者所创作的某个原创作品。这种创作主要是作为审美对象,而与凡俗生活无关。就像政治宣传、宗教或者圣物,还有戏法或手艺,这种被称作'艺术'的概念直到现代方才出现"。

斯坦尼谢夫斯基(Staniszewski,1995)

高雅艺术膜拜的演变

职业艺术家的作品纯粹是为了发人深思而不在于实际运用,这种观点是在近期形成的;而把作品看作艺术家的个性外显而不具功利性,这种观念则是到了18世纪才获得认可(Staniszewski,1995)。在那之前,艺术被看作对社会文化的一种拓展。文化通过艺术而获得体现,其他表现形式还包括语言、宗教和风俗习惯。根据这种视角,艺术,或者更加适合被称作"原初作品"(artifacts),包括了直观体现社会价值观念与信条的表演和实物。制作这些原初作品并不是为了艺术,而是为了满足人类的某些特定需要。它要么具备某种实际用途,譬如制作陶瓷盘是为了饮食之用;或者为了满足精神需要,譬如礼拜仪式所用塑像或图画。这两类作品的创作都是为了满足实际的和精神的需要,体现的都是社会文化而不是艺术家的个人见解。

个人的感受构成了艺术创作的前提条件,这种看法形成于现代社会。在人类社会早期,只有技能才被视为制作原初作品的必备条件。原初作品的使用者也许会感到它很美或很有情趣,但首先是为了其日常用途。因此,在那时,创作艺术或作品的必要条件在于技能而不是理念。

到了文艺复兴时代,艺术的地位超出了工艺技能水平,但艺术创作仍旧被看作与其他传统知识领域处在相同的层面。在18世纪之前,造型艺术(fine arts)尚未与其他人文科学(liberal arts)相互分离。此后,为了从事艺术创作,除了技能之外,人们还需要理念和天赋。人文科学家们或许也希望掌握某种技能,以便更好地形成理念;但是,若是要被看作艺术家,他首先必须具备的是见解或天赋。鉴于具备天赋者为数甚少,这类艺术家如同稀有物品那样珍贵,而艺术作品所体现的正是他们的内在价值。

过去,只有世俗统治者或皇室成员才能购买艺术家的作品。随着市场经济的兴起,商人们现在也拥有了购买艺术品所需要的财富。他们的购买目的可能是想要领略作品之美,获得与艺术家分享见解的满足感。然而,艺术的价值不仅在于作品本身,而且还在于它的稀缺性(Budd,1995)。商人们完全了解稀缺物品的价值,为了进行转卖而获利,他们同样也会购买艺术品。

一旦可以通过机械化方式大规模制作艺术作品,它就丧失了稀缺性价值,不再被视为高雅艺术。如果艺术作品得以大规模制作,就能降低成本,并且能够为中层乃至底层人士所购买。然后,这些作品将被那些有能力购买原初作品的许多人所不齿,独占原创的稀缺作品及其带来的精英感才是这些人所追求的。无论技艺如何高超,复制品必定属于低俗的。由于可以大量获得,通俗文化无法像高雅艺术那样被当作社会地位的象征。

古典音乐如何吸引受众？包装！

纽约林肯中心的白光艺术节（White Light Festival）汇集了古典音乐、外国音乐、大众音乐、舞蹈和戏剧。该中心举办了一系列音乐会，从马勒①到葫芦长笛音乐，从拉脱维亚电台合唱团再到玛丽·卡朋特②。这家古典音乐中心吸引了许多通常不会问津的受众，因为它把整个项目包装成一个整体活动，而受众乐意体验全部内容。

桑道（Sandow，2012）

早期的文化分层

关于艺术的分层，我们可以18世纪末期伦敦的经典音乐社群为例。它致力于在新兴行业阶层中提高音乐演奏和欣赏水平。该社群的一条规矩是，只有谱写时间超过20年的音乐方可列入曲目。因此，它演奏普塞尔、柯瑞理、亨德尔以及其他一些英国、意大利作曲家的作品。③ 对于"老派"音乐的这种注重旨在让受众可以远离那些粗俗的时尚音乐——意大利歌剧。社群创建者们认为，公开演奏这些时尚音乐只是为了迎合下层人物的趣味，贬低了音乐的品位。

该社群之所以将其曲目视为"经典作品"，那是因为它排斥当时所流行的音乐。中上阶层、贵族以及社会下层大多纯粹是为了娱乐而出席意大利歌剧。这些歌剧的乐团音乐多由年轻的音乐家所演奏，把取悦受众而不是音乐的质量看作其首要的成功标准。另一方面，古典音乐会由专业乐师所演奏，而它们的质量则被认为要比取悦受众更加重

---

① 古斯塔夫·马勒（Gustav Mahler，1860—1911）是奥地利晚期浪漫主义作曲家，也是当时领先的指挥家之一。作为作曲家，他是19世纪的德奥传统和20世纪早期的现代主义音乐之间承前启后的桥梁。——译者注

② 玛丽·C. 卡朋特（Mary Chapin Carpenter，1952— ）是当代美国著名的乡村女歌手，曾五次获得格莱美音乐奖和两次全美乡村音乐奖。——译者注

③ 亨利·普塞尔（Henry Purcell，1659—1965）是巴洛克时期的英国作曲家。阿尔坎杰罗·柯瑞理（Arcengelo Corelli，1653—1713）是巴洛克时期的意大利作曲家和小提琴演奏家。乔治·F. 亨德尔（George F. Handel，1685—1759）是巴洛克时期出生于德国的英国作曲家。——译者注

要。虽然有些上层人士为了娱乐而会出席意大利歌剧,但是低阶层者却被认为无法欣赏古典音乐会(Shera,1939)。

该社群的创建者并不是那些被视为理当赞助艺术的王公贵族,但是大多出身于上流社会。他们试图组织一些自以为与贵族受众相匹配的音乐会,同时寻找配得上这种音乐的中产阶层受众,意在为公众复制那些只为贵族进行私人演奏的音乐。这些音乐会使得中上阶层成员有可能加入贵族的社交世界,至少是通过某种有限的途径。这无疑属于针对某一特定阶层的受众推广系列公开音乐会的最初尝试。

由此,到了18世纪最后25年,音乐世界已经形成了截然相反的两部分:出席意大利歌剧的现代/大众群体,以及出席经典音乐协会所推动之音乐会的上层/精英音乐群体。迄今为止,这种阶层界限依然非常明显。

莎士比亚在美国

从前,人们对于如何区分高雅艺术和通俗文化颇费心事,但在满足消费者的艺术品制作方面却从未有过真正意义上的文化分层。例如,在19世纪中叶的美国,诸如莎士比亚戏剧和歌剧等艺术形式通常面向的是各个阶层,因而"兼具大众性和精英性"(Levine,1988)。在制作过程中,艺术作品并没有被当作某种神圣事物而需亦步亦趋地进行复制。因为,自从这些戏剧问世以来,社会已经发生了变化。那些节目的主办者认为,为了增强受众的观赏感,完全可以更改剧本;而受众同样希望这些喧闹的表演能够符合自己的口味。因此,戏剧和其他艺术形式已被看作任何人都可以轻松欣赏的普通艺术(Butsch,2008)。

只是到了19世纪下半叶,那些自诩为文化卫道士的人们断然认为,文化绝对不是为了娱乐而是为了教化。那一时期,美国接纳了大量移民。在那些自认为属于成熟文化圈子的人们眼中,新移民们的各种文化行为颇为值得忧虑。为此,文化活动的组织者们发动了一场运动,敦促新移民受众遵循那些所谓公认的艺术行为标准。在戏剧界,这些保守的当权派认为,剧院、音乐厅和博物馆都不再应该是娱乐场所,现在所要建立的机构应该具备更崇高的目的,那就是,促进社会的进步。

音乐会上的爆米花

大家都知道,纽约"大都会戏剧团"(the Metropolitan Opera)成功地把戏剧表演搬进了影剧院。然而,未必人人都知道其他艺术组织也在如此行事。洛杉矶爱乐乐团同样对音乐会做了联播。它发现,观众们希望能够当场领略乐队的演奏,也就是过去只有那些坐在音乐厅前排的观众才能看到的内容。现在,所有的观众都能够直接观看表演,同时嚼着爆米花。这一点是音乐会难以办到的!

梅利克(Melick,2012)

维多利亚时代的英格兰

当英国处在维多利亚女王时代时,一种时兴观念就是要把文化用于提高劳动阶层的素质,同时用于熏陶新兴的中产阶层。那些怀念维多利亚时代的人士认为,文化可以培养朴素勤劳的中产阶层,使得他们能够欣赏上层成熟阶层所确定的合格文化,告诉他们身处剧院、音乐大厅和博物馆时应该如何举手投足。

那些文化守旧者并不是想要脱离大众,而只是极力要教化他们能以恰当的方式欣赏恰当的文化。守旧者们甚至规定了哪些才是恰当的文化,哪些才是恰当的欣赏方式——单独地静赏作品,而不认可那些刻意宣传个人理念的做法。在他们看来,任何一种彰显公众激情的行为都值得警惕,因为有可能导致混乱和无序。保守者们担心此类行为会有损于艺术的崇高地位。

当今的社会只是在逐步摆脱始于 18 世纪而盛行于 20 世纪大多时期的文化分层。在 20 世纪,在评判和欣赏文化作品方面,人们不再乐意被作为需要教化的门外汉对待。新型文化消费者和参与者认为,时值自己完全能够做出决定之际,为何还要把宝贵的时间用来学习如何欣赏文化。

19 世纪的艺术定义

"文化定义本身也在演变之中,而对其特性的阐述方式则将对整个世纪的文化产生重大影响。主要的争论不在于谁应该进入艺术博物馆、交响乐大厅和歌剧院区域,而在于进入者应该经历些什么,这些文化圣堂的基本宗旨应该是什么。"

莱文(Levine,1988)

通俗文化及其市场的形成

大规模制作艺术作品的能力对于社会产生的影响已经受到研究者的更多关注。录制和重现音乐、制作艺术品的复制件、拍摄戏剧表演这些能力,据说已对公众欣赏真实艺术作品或表演产生了负面影响。一种担忧是,面对这些复制技术,人们将会因为所见作品过多而变得感觉迟钝,进而难以把握其意义。

西奥多·阿多诺

令哲学家西奥多·阿多诺(Theodor Adorno)极其担心的是,音乐和其他文化产品的大规模制作将会造成艺术的同质化(homogenization)。他认为,这种同质化会造成对于艺术的被动性消费,进而使得艺术失去更深层次的意义。他认为,艺术之目的在于传播新的理念,不断地重复有限数目的信息只会造成传播的停滞不前,艺术也会因此而丧失意义。在今天的文化组织和学术界中，他对通俗文化的这种忧虑仍可在某些文化理论家那里获得共鸣。

高雅艺术具备传播有益于社会之理念的更深层意义，这种看法形成于20世纪中叶。事实上，在第二次世界大战之后，各国政府都加大了对于那些从事高雅艺术创作的文化组织的资助，因为它们相信这有益于那些饱受战争折磨的人们。然而，同样也是在这一期间，通俗文化的商业化创作和消费者需求出现了暴涨。因为艺术制作公司无法仰仗政府的资助，它们必须迎合消费者的需要，而大众艺术在全球范围的普及可以验证它们在这方面所取得的很大成就。

就像阿多诺那样，文化组织或许认为，高雅艺术能够改善那些分享艺术表现形式者的生活。但是，它们必须面对的一个事实是，那种想要激发人们普遍地对高雅艺术产生兴趣的梦想从来就未曾实现过，愿意体验这类艺术活动的人一直只占少数。再者，文化组织必须明白，今天，需要或消费通俗文化的公众也不再认为高雅艺术总归是有品位的，而通俗文化则必定是低俗的。因此，若要求得生存，文化组织绝不能无所作为，而是应该立刻积极主动地与通俗文化竞争受众。即使普通公众无意资助那些文化组织原本所提供的高雅艺术形式，文化组织无疑仍然希望维护其艺术作品，并且能够同公众进行分享。若要实现这一点，它们需要允许所有类型的消费者能够参与其中，分享其艺术经验，即使他们对于艺术形式的看法与组织的管理者未必相同。

因此，那些提供高雅艺术的文化组织面临着一项独特而艰难的工作，那就是，必须创作和传播高雅艺术作品，从那些赞助大众艺术的文化消费者群体中吸引受众，同时还要维护艺术家们的创作理念。

理念属于大家

现在，我们的讨论应该更加深入一步。如果说所有人，不仅只是艺术家，都能够从事创作，文化组织就必须明白，受众自身无疑也会希望以其他方式参与这项工作,而不仅仅是作为消费者。现在,消费者已不再对艺术家或文化组织心存敬畏,而是希望平等地参与组织的活动。

赫伯特·甘斯:文化层次

文化组织的管理者必须了解的一个问题是,不同的社会群体为何会关注不同类型的文化活动和艺术形式。除了阿多诺,其他一些理论家也试图澄清形成这种差异的原因。例如,赫伯特·甘斯(Herbert Gans)就把文化生活定义为四个层次:上流阶层、中产阶层、中下阶层以及劳动阶层。

甘斯的"文化层次"说

文化	教育水平	艺术	受众
上流阶层	上流出身/教育	关注艺术家	具有解释内涵的责任
中产阶层	职业教育	关注受众	需要能够理解和欣赏的艺术内涵
中下阶层	未受过高等教育	表达社会价值观念	需要容易理解和确切的艺术内涵
劳动阶层	有限的教育	以行动为导向:传统的艺术特质	要求放松和回避现实

高雅文化

在高雅文化层次中,艺术作品被看作艺术家们的独特创造物,艺术作品是其理念的外在表现。挖掘和理解这些理念进而欣赏作品,虽然也许不易,但这些都取决于受众。有人认为,只有具备了这种理解水平,受众才有可能欣赏艺术家的天分。正是对于属于高雅文化的艺术形式,要想能够欣赏之,通常需要关于艺术形式和艺术家的必备知识。事实上,根据这种理论,通俗而普遍的艺术不能被算作高雅艺术,因为它们能够为并不具备这种预备知识的大量受众所欣赏。

这种观点解释了古典音乐、芭蕾舞和严肃戏剧等高雅艺术形式为何能够得到艺术资助者的最大关注，同时只能吸引最少的受众。这是因为受众，根据定义，只能由那些具备理解艺术含义所需教育水平者所构成。他们同样必须对这类艺术作品具有兴趣，而这一点大多只能通过上流家庭生活或者高等教育的熏陶而形成。

中产阶层文化

接着，甘斯分析了处在文化生活层级中的中产阶层文化。在此，艺术创作和表现形式从专注于艺术家的理念转向受众的需要。在这些受众眼中，理解艺术家想要传递的信息与欣赏艺术作品本身同样重要。

中产阶层的文化受众由各类职业人士所构成，他们所受到的教育使其能够敏锐地思考、欣赏作品所含形形色色甚而相互冲突的信息之间的平衡。他们并不看轻艺术家作为创作者的重要性，而且认为，无论人们欣赏与否，艺术家作为艺术品的创作者都是最重要的；一旦艺术家得以出名，其作品在未来将获得追捧或被摒弃。

美国严肃音乐会的诞生

"因此，始于19世纪最后30多年，到20世纪开端10年之际，加速的变化已告完成。古典作曲家们的经典作品由那些训练有素的乐师们进行完整的演奏。这种文化活动摒弃了低劣之作或平庸之货，排除了受众或者演奏者的干扰，避开了世俗的喧嚣。听众们将慎重而严肃地接触各位大师及其作品，审美和精神方面的标准而非纯粹的娱乐才是他们的目的"。

莱文（Levine，1988）

中下阶层文化

中下阶层是甘斯所定义的第三个文化生活层次。这部分受众更加注重艺术作品的赏心悦目。他们同样希望作品能够传递某种信息，但却不是艺术家自鸣得意的内容。这部分受众需要的是包含了容易理解之信息的艺术，能够明辨是非，以及能够反映社会的大众价值观。

这些受众大多未受过专业教育，社会地位较低而自觉人微言轻，时常会有受制于各种社会规则的感受。他们没有地位或金钱，生活中充满了烦恼和冲突。因此，那些含义模糊的作品可以为中产阶层文化所忍受，但却难以获得中下阶层受众的认可。

鉴于这个阶层的受众需要的是，赏心悦目的艺术作品以及切合其信念的明确信息，艺术家们无疑需要为了他们而不是为了自己进行创作。因此，"通俗文化"而非"高雅文化"一词更加适用于这类产品。

劳动阶层文化

处在文化生活的第四个层级，劳动阶层的关注点同样也是那些含义明确、便于理解和具备观赏性的作品；也就是说，作品的含义不能含糊不清。处在这一层次，通过频繁地借助于动作和生动的角色，受众想要获得更多的娱乐价值。这类艺术受众大多没有受过多少教育，从事的都是繁重而单调的工作。因此，他们希望娱乐节目能够生动有趣，能够提供一些能够放松身心、逃避现实的机会。他们不愿把有限的闲暇和金钱贸然投入自己并不了解的事物，对于那些针砭现实的娱乐活动也无多大兴趣。

今天，赫伯特·甘斯关于文化水平层级的观点仍然具有一定的意义。但是，已经变化了的现实是，当代社会已不再存在那个层级。随着教育的普及，人们获得了提高自身层级的机会；再者，由于技术的进步，即使是劳动阶层的工作现在也要求一定的教育水平和新型经验。事实上，这两种变化都增加了高雅艺术的潜在受众。另一方面，由于市场竞争已变得更加激烈，那些出身上层者同样也必须更加努力地工作，同时也更有可能接触和欣赏通俗文化。因此，文化组织的营销者必须明白,不再能够仅仅借助于收入、教育因素去臆断各个市场板块究竟需要哪一类文化产品。

推陈出新!

  位处英国东南部的西萨塞克斯的帕兰德当代美术馆(Pallant House Gallery)收藏了20世纪和当代的许多艺术珍品。但是,该美术馆决定,通过一项名为"力争入围"(Outside In)的比赛,展示那些无法跻身其艺术空间的无名艺术家的作品。鉴于这一设想取得了成功,美术馆在2009年决定举办巡回展出。由于移动画展的工作量很大且耗资不菲,美术馆转而采用了一种更具合作意义的方式。美术馆把获得采纳的那些画作陈列在互联网上。其他博物馆可从其数据库中选择作品,进而自行安排画展。此后,许多博物馆都在回复中表达了展出其中某件作品的意愿。

英国艺术委员会(2012)

皮埃尔·布迪厄:文化品位

  若不斟字酌句,评论某件事物的"好"或"不好"并非难事。回溯到20世纪70年代,法国社会学家皮埃尔·布迪厄(Pierre Bourdieu)对品位作了开拓性的分析(Bourdieu,1996)。这项研究由他与某些人围绕着艺术偏好的对话所构成,现摘取其中的一部分为例。他询问了受众对于三首乐曲的偏好次序,即巴赫的《平均律钢琴曲》(Bach, *The Well-Tempered Clavier*)、格什温的《蓝色狂想曲》(Gershwin, *Rhapsody in Blue*)以及施特劳斯的《蓝色多瑙河》(Strauss, *The Blue Danube*)。运用这些排序和相关的艺术作品,布迪厄确定了各阶层在三种品位方面的差异,即所谓的"高雅品位"(legitimate taste)、"中档品位"(middle-brow taste)和"大众品位"(popular taste)。

他发现,在从事某些特定职业的人群中,对于三首乐曲都有着明确的偏好。教育和艺术工作者偏好《平均律钢琴曲》,技术人员和初级管理人员则青睐于《蓝色狂想曲》,而手工业者、文秘工作者和店主们则喜欢《蓝色多瑙河》。

布迪厄:文化品位

品 位	音 乐	职 业	愿 望
高雅品位	平均律钢琴曲	上层家庭或教育/艺术工作者	参与艺术创作
中档品位	蓝色狂想曲	技术人员、初级管理者	结合日常经验
大众品位	蓝色多瑙河	手工业者、文秘工作者以及店主们	享受愉悦

高雅品位

在这方面,早期的研究结论是,品位的不同可归因于受教育程度的差异,即教育决定了品位。然而,布迪厄的理论却试图解释为何人们会对不同的文化具有不同的偏好。

他提出的理论是,人们可通过两种途径获得艺术知识,即所谓的"文化资本"(cultural capital)。一种途径是出身上层,能够在"正确的"审美环境中成长;另一种途径是求助于教育,据此得以明白什么才是高雅的艺术作品,以及如何正确进行欣赏。然而,人们虽可通过出身或者教育获得必要的知识,那些出身上层者却把教育视为相对次要的途径。他们认为,对于艺术形式的深切体验出自他们的生活经历,而这一点是无法通过学习途径获得的。

因此,对于高雅艺术的鉴赏能力,既是个人出身于上层社会的结果,又是判断他是否属于上层社会的标准。拒绝接受这种艺术也就意味着背离了自己所属的阶层。另一方面,一个人越了解和欣赏这种艺术,其社会地位也就越能够获得首肯。

如果说欣赏艺术需要特殊的出身或者教育,则可认为,那些能够得到所有人欣赏或者容易理解的艺术就不称其为艺术。再者，在那些具备高雅品位者看来，欣赏这些并非艺术的作品就意味着他们缺乏如何鉴别艺术的教育。关于品位的这种看法声称，那些具备艺术知识者的参与能够告诉我们什么才是艺术。因此，那些迎合情感和肉体需要的艺术自身也就大可置疑。

中档品位

如果从未受到过家庭、学校有关如何把握欣赏艺术魅力的培训，旁观者也就无法领略那些缺乏鲜明的形式和乐曲要素的艺术。因此，高雅品位的阶层独特之处就会更加鲜明。正是由于同日常生活经验相去甚远，我们得以确定何为高雅的艺术品位。

与此相反，中档品位者则偏好于那些直接契合日常生活经历的艺术，他们感兴趣的是能够赋予个人含义的艺术。布迪厄发现，这些受众所偏好的是《蓝色狂想曲》。

大众品位

大众品位作品迎合的是劳动阶层，也就是那些对具体的而非抽象的事物感兴趣的人们。他们需要那些自己能够理解的图画、看似自己也能学会的舞蹈以及自己能够哼得出来的曲调。因为希望通过亲身感受而获得愉悦，他们喜欢《蓝色多瑙河》。不幸的是，在那些具有高雅品位者的眼中，他们这种特殊要求和品位却是非常的粗俗。

区别

高雅艺术的满足对象是那些具备高雅品位的人们。它无法提供那些迎合普通或大众品位之作品所带来的直接快感，而是服务于那些出身较高阶层、享受高档生活方式而且那些极具生活乐趣者。因此，那些命中注定需要努力工作的人们，毋庸惊讶，不仅不会欣赏那些迎合正宗品位、需要美学知识才能欣赏的高雅艺术,反而会产生某种抵触。对他们来说,整日奔波忙碌之后,还要费神去琢磨那些艺术,自然会顿生枯燥乏味和不可思议之感。

何为数码参与协调者?

旧金山芭蕾舞团有专职的员工负责在"脸书"(Facebook)上推送各种消息,在"推特"(Twittering)上与人进行交流,并且在网上传播各种小道消息。这家芭蕾舞团是美国历史最悠久的芭蕾舞公司,也是舞蹈界中率先使用社交媒体技术者。因恰好位处硅谷北面,它原本可以与旧金山市合作。然而,它必须直面的现实情形是,芭蕾舞团鲜能获得公助,而是需要依靠舞迷们。为此,通过推特、脸书和演员们的朋友圈子等多重渠道,公司极力构建各种社会关系。在该公司网站上,一个"互动"点击钮提供了"观赏""倾听""博客"和"跟踪"等选项。"观赏"选项使得观众能够观赏芭蕾舞表演和编导们的工作状况;"倾听"选项提供了各种"播客"(podcast)节目,讲解有关芭蕾舞的创作问题;"博客"选项则提供了常规的博客空间,而舞迷们也可在此上传照片,其中包括一名舞迷与宠物猫的合影;"跟踪"选项则涵盖了与脸书、视频网站(YouTube)、推特、品趣志(Pininterest)和微博客(Tumblr)的链接。基于这些交流渠道,人们大多会去观看它的芭蕾舞表演。

麦克雷尔(Mackrell,2012)

不如人意的是,还存在着这样一种倾向,即那些具备了理解高雅艺术所需出身和教育等先决条件的人看不起缺乏这些先决条件的人。〔迄今为止,这种倾向仍然盛行于世。其表现形式是,每当谈及通俗文化时,人们总喜欢使用"下里巴人"(dumbing down)一词。〕上层社会之所以会产生这种优越感,那是因为际遇不如他们的人们依然受制于普通或日常的欲望和利益。再者,这种倾向不仅只是存在于上层社会,各个阶层其实都试图借助艺术品位差别而与那些不如自己的阶层划清界限。高雅艺术的赞助者们固然鄙视中层受众的愉悦感,而后者同样也看不起劳动阶层的愉悦感。

今天的文化层级

虽然存在着阿多诺的那种担忧,但人们依然还在探索艺术的真谛。现在的问题是,今天,因为非常容易接触到各种类型的文化,布迪厄和甘斯所描述的那种高雅文化和通俗文化之间的鸿沟已然消失,消费者可以同时欣赏这两种文化而并不在意它们的名目。事实上,消费者们已经自认为不仅只是文化的消费者,而且还是参与者。作为后者,他们希望也能够赋予文化以某种意义,进而同文化组织和艺术家们一起营造文化。

意义的赋予

在当今社会,公众不再只是听凭文化组织确定艺术作品的内在意义,而是会提供一些自己能够赋予其意义的素材。所有人,尤其是年轻人,都能很好地自行判断日常生活中的重要事宜。他们不再需要由哪个阶层、宗教、国家或者族群提供基本的艺术框架,而是自信可以胜任这项工作,进而与自己所偏好的艺术建立关系。

再者,消费者现在同样能够从事艺术创作。这也就意味着,所有人都可以自行赋予艺术以某种含义。在这种新的环境中,文化组织依然拥有自己的空间,因为只有它们才能为参与者们提供参与和创作的场所,让他们体验文化组织为之而努力奋斗的文化。

或许已经使得文化组织的工作者们有所警觉的是,自己多年来在评判艺术优劣方面所获得的培训、所积累的专长已不再那么重要。这一点值得关注。如果人人都可能成为艺术家,那么文化看护人还有何作用呢?无疑,在确定所展示的艺术内容方面,文化管理者仍然具备某种作用(Keen,2007)。问题在于他或她是否知道应该如何发挥这种作用。文化管理者们不再能够独断行事,不再能够漠视外行受众的努力。相反,他们必须检验受众们的艺术作品(毕竟,初学阶段总归是美好的!),讲解文化组织所展示的文化。

往日被视为受众的人们

随着新型传媒手段的出现,人们开始议论传统的传媒技术方式无法再主导社会对话,因为那种体系旨在把新闻传递给大众;即媒体决定说些什么,而受众只有倾听的份。然而,技术进步改变了出版、电视和编辑世界过去那种被动作用,正如下列所示:

过去的被动传媒	现在的主动传媒
出版	博客
无线电台	播客
电视	网上的视频公布
编辑	设计个性化首页的能力

过去,"人群即受众"的看法盛行于各类组织;现在,人们能够亲身体验自己所偏好的新型新闻,可以自行决定时间和地点,同时也期待文化组织能够做出相应的回应。

罗森(Rosen,2006)

我们这些过去被当作受众的人们

这种说法最初是针对社交媒体的受众而言,但很快就被用于描述那些通过宗教仪式和其他多种艺术形式而消费艺术的人们。它折射了社交媒体技术的用量剧增之后所出现的动力转换(Rosen,2006)。现在,那些在过去仅仅被当作受众的人们希望能够在文化组织中享有平等的话语权,而营销的责任就在于尽力促进双方的交流。今天,参与者们对于文化的倾慕依旧,但却不再认同文化组织的权威。然而,文化组织在文化生活中依然能够发挥至关重要的作用,即营造或者扩大艺术社群,为人们提供相互接触进而营造独特文化的空间,而引起这种变化的社交媒体技术则可用于构建艺术社群。

凭借当代技术,文化组织已不再是那种当场就能快捷鉴别文化和品位的地方。过去,小说被陈列在实体书店,漫画书籍在专卖店出售,严肃的戏剧由政府资助的组织演出,电影则是在影院中放映。现在,这种实体意义上的区别已变得模糊不清,而在互联网上则已被完全颠覆了。在互联网上,各种艺术形式已经把通俗文化和高端文化、娱乐和信息、教育和宣传融汇在一道;消费者可以在相同的空间内找到各种文化,"从最糟的到最好的,从最高雅的到最通俗的"(Castells,2010)。文化组织的意见已经不再是唯一的权威之声。

总　结

为了制订能够打动受众的营销计划,有必要了解一下文化产品同受众的历史关系。在19世纪工业革命期间,围绕着对于迁入城市而在工厂打工的农村人口的教化问题,形成了有关高雅文化和通俗文化之区别的争论。阿多诺、甘斯和布迪厄等许多哲学家构建了多种理论模式,力图解释人们为何会欣赏不同类型的文化。今天,人们已不再像过去那样看重文化层级,而层级理念本身事实上也遭到了挑战。凭借远程的分享和创作技术,人们可以自行进行艺术创作并赋予其各种含义,而不再只是充当被动的消费者。因此,文化组织现在必须同消费者们构建更加直接的关系,因为后者希望自己能够成为艺术创作的伙伴,而不再只是担任资助者。

参考文献

Adorno, Theodor. 1998 *Aesthetic Theory*. Minneapolis: University of Minnesota Press.
American Marketing Association n.d. About AMA, Definition of Marketing. June 8, 2012 http://www.marketingpower.com/aboutama/pages/definitionofmarketing.aspx
Arts Council of England. 2012. "Visual Arts and Museums: How Arts and Culture are Working Collaboratively." http://www.artscouncil.org.uk/funding/funded-projects/case-studies/visual-arts-and-museums-how-arts-and-culture-are-working-collaboratively/February 29.
Bourdieu, Pierre. 1996. *Distinction: A Social Critique of the Judgment of Taste*. London: Routledge.
Brussels Life. "This Summer Bal Moderne is Going to Make You Dance?" 2012. August 2. http://www.brusselslife.be/en/article/bal-moderne-is-going-to-make-you-dance
Budd, Malcom. 1995. *Values of Art: Pictures, Poetry and Music*. New York: Penguin.
Butsch, Richard. 2008. *The Citizen Audience: Crowds, Publics and Individuals*. New York: Routledge.
Castells, Manuel. 2010. *The Rise of the Networked Society, 2nd edition*. West Sussex, UK: Wiley-Blackwell.
Dolgin, Alexander. 2012. *Manifesto of the New Economy: Institutions and Business Models of the Digital Society*. London: Springer.
Gans, Herbert. 1977. *Popular Culture and High Culture: An Analysis and Evaluation of Taste*. New York: Basic Books.
Keen, Andrew. 2007. *The Cult of the Amateur: How Today's Internet is Killing Our Culture*. New York: Doubleday/Currency.
Levine, Lawrence. 1988. *Highbrow Lowbrow: The Emergence of Cultural Hierarchy in America*. Cambridge, Massachusetts: Harvard University Press.
Mackrell, Judith. 2012. "How Twitter Transformed Dance." *The Guardian*. July 31.
Melick, Jennifer. 2012. "Popcorn and Prokofiev." *Symphony*. Summer.
Pointon, Marcia. 1994. *Art Apart: Art Institutions and Ideology Across England and North America*. Manchester: Manchester University Press.
Rosen, Jay. 2006. "The People Formerly Known as the Audience" Pressthink. June 27. http://archive.pressthink.org/2006/06/27/ppl_frmr_p.html.
Sandow, Greg. 2012. "Programming for a New Audience — Things That Worked." July 24. http://www.artsjournal.com/sandow/2012/07/programming-for-a-new-audience-things-that-worked.html.
Shera, Frank Henry. 1939. *The Amateur in Music*. Oxford: Oxford University Press.
Staniszewski, Mary Ann. 1995. *Believing is Seeing: Creating the Culture of Art*. New York: Penguin.
Weber, William. 1992. *The Rise of Musical Classics in Eighteenth Century England: A Study in Canon Ritual and Ideology*. Oxford: Oxford University Press.

第 3 章　新型的文化参与者

关于人们参与文化活动的原因,过去的诸多理论关注的是年龄、社会阶层、教育程度和收入水平等因素,而文化组织尤其青睐于那些能够打动所有年龄群体的宣传策略。年轻的受众们曾经一度很少问津,这种现象引起了文化组织的担忧。现在,这些组织需要注意的一点是,即便是年长消费者的数目也在逐步减少。因此,文化组织必须知道,这一现象的起因不仅在于某些年龄段人群的缺席,更多的是因为消费者的生活态度和方式已有所改变,对于文化组织的感情投入也与过去有所不同。现在,某些人依然属于纯粹的文化消费者,无意同文化组织进行比较深入的交往;另一些人则希望能够全身心地参与。因此,文化营销已从指望所有消费者热爱艺术形式转变为能够接纳参与程度不等的各种消费者。

基于社会交流技术的进步,现在出现了一种所谓"文化参与者"的新型消费者。这种新型的文化参与者所希望的是,不仅只是简单地出席文化活动,而是要求在艺术规划乃至创作方面具备发言权。由于文化参与者不愿只是充当被动的消费者,文化组织的营销策略必须提供他们所需要的互动式文化产品。除了继续进行传统的促销活动,营销现在还必须包括其他一些活动,以便增加参与者的数目。现在,营销不再是消费者能够获得的唯一促销信息,人们能够浏览各种评论文章,同其他文化消费者实施互动。在互联网上,他们不仅与各种文化组织进行交流,而且彼此之间也进行互动。此外,除了参与各种传统的活动外,他们还自行进行艺术创作并且进行分享,进而再造了文化组织的艺术。现在,文化组织已到了不再能将营销仅仅视为保证上座率之举的时候,它们必须关注如何与大众进行交流,为他们提供所希望的参与机会。

各个年龄群体参与者数目的下降

每隔五年,美国国家艺术基金会(the U. S. National Endowment for the Arts,NEA)采用有效的统计方式开展"公众艺术参与状况"的普查(Survey of Public Participation in the Arts)。这项普查向调查对象了解他们参与各类标准的或者传统的艺术活动情形,包括古典音乐、歌剧、芭蕾舞和艺术博物馆在内。

鉴于这项数据为每隔五年收集一次,它不仅可用于把握上座率的总体变化,而且可以记录各类参与者群体的分布状况,比如不同的年龄组。通过分析这项数据,可以发现三个不同的问题(NEA,2008)。第一,各类艺术活动参与者的平均年龄都有所提高;第二,一个事关文化组织之未来的事实是,年轻人的参与比率降幅最大;第三,一个迫在眉睫的事实是,年龄在45～54岁的参与者同样也在减少,而他们在过去一直被看作主要的参与者。

对1982～2008年的所有参与者做一比较,可以看出,他们的平均年龄增加了6岁。这一点与美国人口在总体上趋于老龄化相吻合。但是,相对于那些未参与者而言,开始参与文化活动者的平均年龄增加速度甚至超过了总人口的年龄增速。在1982年,爵士乐拥有的是年轻参与者。从那以来,爵士乐参与者在所调查的各类艺术活动中却是年龄最长者。出席戏剧的人数虽然不多,但是却同国民的年龄一起提高。古典音乐的受众最为年轻,但仍然具有最高的中位年龄值,因为它在1982年间的参与者人数最多。

研究这项受众年龄数据的另一种方法是,考察35岁以下参与者在受众中的比重。这个年龄段有时被称作"承上启下的一代"(connected generation)。对他们来说,技术进步一直就属于日常生活的一部分(L. Johnson,2006)。这个年龄段的参与是至关重要的。他们所希望的是"有所作为"而不只是观察,以此作为体现自我的一种途径。

艺术参与者的中位数:1982～2008 年

类型	1982 年	1992 年	2002 年	2008 年	变化程度
所有参与者	39	41	43	45	＋6
爵士乐	29	37	42	46	＋17
古典音乐	40	44	47	49	＋4
歌剧	43	44	47	48	＋5
音乐	39	42	44	45	＋6
戏剧	39	42	44	47	＋8
芭蕾舞	37	40	44	46	＋9
艺术博物馆	36	39	44	43	＋7

艺术活动参与者的比重:18～34 岁

18～34 岁	1992 年的比重	2008 年的比重	变化量	变化程度
爵士乐	17.5	7.3	－10.2	－58％
古典音乐	11.0	6.9	－4.1	－37％
歌剧	2.0	1.2	－0.8*	－40％*
音乐	16.6	14.5	－2.1*	－13％
戏剧	10.7	8.2	－2.5	－23％
芭蕾舞	3.9	2.0	－1.4	－36％
艺术博物馆	22.7	22.9	＋.02*	＋1％

* 不具备统计意义。

艺术活动参与者的比重:45～54 岁

45～54 岁	1992 年的比重	2008 年的比重	变化量	变化程度
爵士乐	13.9	9.8	－4.1	－30％
古典音乐	15.2	10.2	－5.0	－33％
歌剧	4.0	2.4	－1.6	－40％
音乐	19.3	17.4	－1.9*	－10％
戏剧	18.2	8.7	－6.5	－43％
芭蕾舞	5.1	3.2	－1.9	－37％
艺术博物馆	33.9	23.3	－9.6	＋29％

* 不具备统计意义。

针对不同年龄段的受众,这项分析还显示出了年轻参与者正在逐渐减少这一态势。1992～2008年,出席爵士乐的年轻人减少比率最大,高达52%;芭蕾舞的年轻参与者也在减少,参与率下降了36%;古典音乐的年轻参与者下降了37%;歌剧的下降比率虽然最小只有0.8%,但因为它的基数太小而缺乏统计意义。

可以看出,年轻的艺术参与者比重较低,甚至还在进一步下降。关于这一点,人们大多不以为然。毕竟年长者终将会参与进来,随着那些年轻人年龄的增长,他们自然也就会成为参与者。但是,如果考察一下年长者的参与状况,便可看出,他们的参与率同样也在下降。戏剧参与率的降幅最大,为理当应该参与者比率的43%。就45～54岁年龄组而言,除了艺术博物馆和音乐之外,所有艺术类型的参与率都至少下降了30%。如果这种趋势继续延续下去,那就意味着参与率将从一种担忧而升级成一场危机。

受教育程度一直被看作可用于预测艺术参与率的指标。这对艺术来说应该是一种福音,因为目前成年人中获得高等教育者超过了前辈。然而,数据分析同样表明,与过去相比,教育水平也更加难以预测艺术参与率。无疑,那些未曾受过高等教育者的参与率日趋下降,使得过去已经很低的参与率愈发降低。然而,那些具备高等教育水平者的参与率同样也是大幅降低了。事实上,具备研究生学位者的参与率在2002～2008年下降了9%,而持有大学学位者则下降了7%(NEA,2008)。

出现下降的不只是艺术活动的参与率,其他类型的公众活动也同样如此。例如,选举活动的参与者和志愿者数目均有所减少(Tepper,2008),因为这些活动都需要人们事先进行计划,在指定的时间现身于指定的地点。关于人们参与教堂、专业组织、体育运动以及各类服务性组织的活动,研究表明,它们之间存在正的相关性。某类活动的参与者同样也会参与其他种类的活动,反之亦然。

从艺术的门外汉到享受者

围绕着陷入困境的皇家歌剧院(Royal Opera House)的命运问题,英国议会委员会举行了听证会。歌剧院执行总裁科林·索瑟盖特爵士(Sir Colin Southgate)明确表达了他的担忧,即争取新受众的做法会造成歌剧听众身着"短裤和难闻的运动鞋"入场。作为争论的另一方,格利·罗宾逊,当时刚刚开始领导艺术委员会,则把"中产阶层白人听众"占据了大多数席位的情况归咎于歌剧管理者。《周日独立报》(the Independent on Sunday)则批驳了艺术委员会的观点,

"舞台表演被夹在了当中,一边是那些特权捍卫者,因为而且仅仅因为希望自己的娱乐活动能够得到补贴者,而另一边则认为拓宽高雅娱乐通道的做法将会降低其品位。有关恶臭球鞋等级之类的陈词滥调历来就是,老百姓天生就注定不喜欢欣赏艺术;就算愿意如此,他们最终也会找到自己的方式。他们完全听说过,某位出生在茅棚的人,当初省下几个铜板就是为了能够看到那些艺术神灵,最终却奇迹般地从门外汉(一无所知者)进化成了艺术享受者。但是,他们并不乐意付出持续而徒劳的努力,为的就是像身处相同阶层的某些人那样最终能够轻松地把高雅文化作为多彩生活的一部分。"

麦克埃尔罗伊(McElvoy,1998)

参与的程度

情感的参与程度也可用作分析社交媒体技术的受众(Abercrombie and Longhurst,1998)。这种模式也可用作分析那些接受文化的人们为何未必就会成为文化组织的支持者。我们可以把受众看作分属于各个群体,他们选择观赏的传媒形式和参与程度各有不同。再者,还可将这种分析所得到的各族群体描述成一个连续谱,从消费者

逐渐过渡到小规模的创作者。我们可对这种受众谱及其与传媒之间的关系,以及各个群体的相互关系做下列描述:

传媒使用模式

消费者:简单而便利地使用传媒。

艺术迷:对传媒的使用专注于特定明星和节目。

艺术信徒:对特定传媒形式的大量使用主要针对社会活动。

艺术狂热者:对所有传媒形式均具备浓厚的兴趣,参与有组织的活动。

业余创作者:采取社交媒体技术形式的业余制作者。

根据他们所建立的关于数码传媒受众的模式,阿伯科隆比和朗赫斯特(Abercrombie and Loughurst,1998)把传媒消费者描绘为那些缺乏系统性品位而只是以简便方式使用社交媒体技术的人们。这些消费者并不专注或局限于欣赏某些特定的传媒形式或内容,而是认为可以随意进行选择。他们虽然也关注节目的内容,但这并非是决定其选择的唯一因素;对于某个特定节目的选择完全取决于方便与否、成本高低等因素。此外,他们接触传媒的一条底线是,参与公共活动必须符合其自身的利益。

社交媒体技术迷们更加执著于特定的明星或节目,更加频繁和专注于传媒的使用。在选择观赏节目时,他们会根据自己过去所欣赏的特定节目做出定夺。为此,他们愿意承担更多的成本和麻烦。就个人而言,他们依然欣赏自己的传媒选项;与文化消费者一样,他们与那些兴趣相似者并无交往。

艺术信徒们在明星和节目的选择方面带有一定的针对性,大量使用传媒。为了欣赏特定的传媒节目,并且还会视成本和方便程度做出特别的努力。信徒们还会花时间去了解自己所青睐明星的个人生活和职业生涯。他们同艺术迷之间的区别在于参与事关自己所选传媒的活动；例如，阅读感兴趣的出版物。他们与艺术消费者和艺术迷的区别还在于，愿意同兴趣相投者一起组建社群；愿意前往电视台而担任现场观众，观看自己所喜欢节目的录制过程；还乐意参观一些与观赏节目有关的历史场所。

个人参与倘若达到了艺术狂热者的程度，就会笼统地将传媒作为一种艺术形式予以欣赏，而不再专注于某个特定的明星或节目。狂热者非常了解传媒及其创作者。例如，影迷们会去聆听有关电影史的课程，乐意与他人分享观后感。使得狂热者同信徒之间的区别在于他们各自所组建的社群组织结构。围绕着对于传媒的兴趣，狂热者们之间的互动构成了其生活和价值系统的一个重要部分。对他们来说，传媒欣赏和参与相关活动是自我认同（self-identity）的一个重要部分，其社会活动也会围绕着这些兴趣和活动而安排。

作为连续谱的另一种极端情形，业余创作者的投入程度更大，从而开始业余创作一些传媒作品。对他们来说，仅仅为了兴趣而参与社会生活已经不够；如果可能的话，他们会努力寻找那些能够与他人分享传媒兴趣的工作机会。

关于文化活动参与的模式

这一模式同样也可用来描述不同类型的文化活动参与者。受众看待自己同艺术的关系以及他们的相互关系的方式有助于我们了解其参与动因。由此，文化组织可以设计相关的活动，制定能够迎合受众需要的营销策略，包括举办与文化组织不无关联的非正式晚会。

年轻人有那么重要吗？

目前，各个文化组织似乎都变得越发注重吸引年轻的消费者。由于营销经理们所见到的受众全都是头发花白者，自然而然地会想到在这些人过世后将会出现何种情形。但是，值得指出的是，无论年龄如何，消费者永远都是消费者。其实，全球有63%的消费者认为我们过分看重年龄因素。这种观点已经被年龄在18～34岁中63%的人所认同。

多布任斯基(Dobrzynski，2012)

可以认为，受众包括了消费者，就像平常在下雨天总得做些什么那样，他们可能会去参观博物馆或者到剧院观看演出。文化迷则总是会资助某个文化组织，例如维多利亚与艾伯特博物馆(The Victoria and Albert Museum)①，或者是莎士比亚戏剧表演等。我们可以将文化信徒们描绘成愿意花时间去全面了解某种特定艺术形式的人，譬如芭蕾舞等。文化狂热者的参与则更加深入。他们通常知道这种艺术形式的来龙去脉，并且将参与各种文化活动作为其生活的重要部分，加入他人所组织的各种"友好"组织，或者进行知识性旅游。一旦达到了业余创作者的水平，人们就会自行制作和收藏艺术品。各个文化组织当然希望所有的参与者至少能够涵盖艺术迷、信徒乃至狂热者。但是，由于不同时代的人们对于文化的看法和运用会有所变化，大多数受众无疑都只是文化的消费者。

长期以来，文化组织管理者的目标一直是努力把文化消费者转变为文化信徒。他们认为，采取行动的方式就在于提供各种节目。如果那些目前属于纯粹消费者的人能够得到充分的教育，他们就能够理解艺术形式，能够更加深切地欣赏和投入，进而成为艺术狂热者。

然而，改变公众对于艺术情感投入的并不是文化组织而是社交媒体技术。正是这种技术使得公众能够了解艺术形式、艺术节目和艺术家，不再需要求助于文化组织；传媒技术还使那些对某种艺术形式具有相同兴趣者能够相遇，进而组成他们自己的社群；最后，传媒技术使

---

① 维多利亚与艾伯特博物馆是位于伦敦的一间装置及应用艺术博物馆，以维多利亚女王和艾伯特王子命名，在英国它是规模仅次于大英博物馆的第二大国立博物馆。——译者注

得任何一名有意者都能自行创作并且与他人分享作品。

海滩上的歌剧

人们大多是在享用香槟酒和鱼子酱之际而与歌剧建立起某种联系。那么,鱼片和薯片的效果又如何呢?在英国的斯凯格内斯(Skegness),当地政府决定在海滩上播放歌剧。斯凯格内斯是一个旅游城市,人们去那里是为了享受阳光和沙滩,故而无须穿鞋子和汗衫,而孩子们还能够骑驴。政府的这种做法是否可行呢?事实反复证明,确实如此。无须遵守通常的观众规则,游客们在海滩上也能欣赏歌剧,这正是他们来此地度假的原因。

沃冈(Wogan,2012)

关于文化消费者的"教育"问题

以博物馆的参观者为例,我们可以说明,通过各种普及性的外展项目,处在种类链上的公众有望从文化消费者转变为狂热者。博物馆知道,文化消费者对于它们的艺术并无特殊兴趣,只会偶尔参观博物馆,为的是借助此类愉悦活动打发某个雨天下午。但是,通过博物馆所提供的普及性信息,他们能够学习如何欣赏某些特定艺术家的作品。博物馆认为,公众随后就会成为艺术迷,更加频繁地来此地观赏艺术家的作品展览。但是,尽管他们会去博物馆观赏某些特定艺术家的作品,但却无意加入那些专注于艺术赏析的社群活动。

然而,如果对于自己所偏好的艺术家的知识和鉴赏力有所提高,艺术迷就会转变为艺术信徒。通过博物馆提供的普及性信息,他们会参与高度专业性的艺术领域,诸如拉斐尔前派兄弟会(pre-Raphaelite brotherhood)①。这些新的信徒会阅读关于这一主题的专业性书籍,也会经常出席博物馆的普及性活动。

鉴于信徒们都觉得有必要构建更加密切的相互关系,通过加入博物馆的"友好协会"或者围绕着博物馆的活动安排其社交日程,他们就会转变为狂热者。对他们来说,与博物馆之间的联系将会构成其身份认同的一个重要部分。与其他狂热者一起,他们会参加博物馆所推广的旅游活动。他们甚至还会认为自己同样也能像博物馆的职业管理者那样实施管理。处在参与关系链的这一极端情形,他们将会转变为业余创作者、业余艺术家或者艺术品收藏者。

受众参与艺术展览的各个阶段

类 型	参 与	技术的促进
文化消费者	周日下午,任何博物馆	提供相关信息的网站
文化迷	出席莫奈画展	关于这位艺术家的更多网上信息
文化信徒	参加当地博物馆协会、出席关于莫奈的普及活动	围绕事关莫奈的各项活动,博物馆建立由受众所经营的网上社群
文化狂热者	研究印象派艺术运动;到其他博物馆参观画展	网上社群征询会员对其他活动和旅游的建议
业余创作者	收集艺术品或自行创作	网上社群展出自己的艺术成就

然而,社交媒体技术已经极大地改变了这种关系链。现在,由于能够快捷地获得网上信息,公众已经无须依赖文化组织提供教育信息。这种信息或许是关于艺术组织的,或许是关于特定艺术家的。现在,公众不仅能够获得关于各种艺术活动的信息,而且还能够了解他人对于某种艺术形式的意见。然后,他们可以组成社群,自行策划事关特定艺术形式和文化组织的活动。通过在网上发表自己的评论和

---

① 拉斐尔前派兄弟会也译为前拉斐尔派兄弟会,是1848年在英国兴起的美术改革运动,最初是由3名年轻的英国画家发起组织的一个艺术团体,其对后世的绘画风格和作品产生了难以估量的影响。——译者注

意见，人们也能迅速地了解那些与自己兴趣相投者的反应(S. Johnson, 2006)。

过去，艺术创作要求具备天赋、学习技能和必要的素材。如今，任何一名对于某种艺术形式感兴趣者都能够成为业余创作者。这类新型的个人被称作"艺术参与者"(culture participants)。他们或许在接受实际培训之前就已经开始创作，然后再根据自己的兴趣去寻找培训机会。他们能够采用这种非传统的方式，因为传媒技术使得他们能够便利地获得创作工具以及同他人分享作品。YouTube 就是这种现象的一个例子。艺术家和非艺术家把它用作表现自我的途径，进而可以促进专业人士同业余爱好者的交流(Burgess and Green, 2011)。由于艺术家和受众现在能够平等地获得艺术创作工具，文化组织已经不再能够维持传统的层级制度，不再能够充当唯一的教育者或者某些特定艺术活动的恰当提供者。

他们正在寻找信息：是否在找您呢？

人们对于电话的使用已不再局限于相互通话。它们的用途应该引起文化组织的兴趣。经研究发现，在最近 30 天内，手机的主人们是这样使用其电话的：

41%	协调会议/聚会
35%	问题的求解
30%	确定访问事宜
27%	寻找解决争议的信息
23%	了解体育赛事结果
20%	查询交通运输信息
19%	求急

鉴于 41% 的手机主人用它协调社交活动，30% 用它确定是否需要访问某家公司，他们都应该对文化组织感兴趣。因此，确保他们能够

便利地获得所有的线上信息,这一点无疑应该成为文化组织的目标。

瑞尼尔和福克斯(Rainier and Fox,2012)

从文化消费者到文化参与者

营销技术历来就是力图把文化消费者转变为文化狂热者,但是这种转变却并非易事。鉴于在打发闲暇的方式上拥有很多选项,人们或许不愿花费时间去更加深入地了解文化。他们也许无意追求更高的文化层次,而只想继续做一名文化消费者。因此,传统的教育活动难以引起这些群体的兴趣,因为这些活动需要他们学习更多的东西以及对艺术形式投入更多的情感。因此,作为文化的狂热者和业余创作者,那些在文化组织工作的人们将会认为文化消费者相当地无知。其实这并非无知,而是可以认为,他们所做出的选择十分明确,因为不愿意在了解更深层艺术方面花费必要的时间和精力。

文化组织必须接受这样一个事实,就大多数人而言,他们的兴趣程度都已经处在消费者水平。某些消费者或许会将其参与程度提高到艺术迷或更高水平,但是大多数消费者却不会有所改变。这些消费者把文化当作一种偶尔为之的活动,而这种偏好却不容易发生变化。在这方面,问题在于,从事艺术创作和文化组织管理的大多数人至少都是文化狂热者,艺术是确立其身份的关键。但是,对于他们来说,比较难以做到的一点是,如何使得文化消费者在提高层次的前提下也能了解自己的艺术作品。

对于文化组织来说,更有意义的做法是,不是认为公众的消费选择存在谬误,而是能够为具有不同想法的公众提供参与的机会。这就要求文化组织必须改变工作重心,必须学会如何全盘地接纳消费者,而不是把他们视为需要加以改善的对象,并且为各种想法提供参与文化活动的机会。

目前，大多数文化组织尚未付出多少努力，但是都面临着需要予以沟通的新型群体。这些新型的文化参与者，基于他们的经验和技术，会有兴趣参与组织的文化创作之列。这一点将会促使文化组织管理者的世界观发生重大变化。他们需要放弃对于文化产品的制作和展示的全面控制，转而与公众平等相处(Solis, 2010)。鉴于社交媒体技术可以被文化参与者用于作品分享和自行创作，随着文化参与者的出现，文化层级制也将逐渐消失。

何为艺术？如何判断什么才是"好的"艺术？

这些问题历来都属于不易回答者。随着新的技术使得许多人都能够涉足艺术创作，这些问题已变得愈发难以回答。或许，我们需要两种关于质量的定义：一个属于艺术家及其同行的，另一个则属于观赏艺术品的公众。艺术家艾米·布茹克曼(Amy Bruckman)对这一点给出了下列解释。

"虽然我把创作过程赋予艺术家的各种效益看作第一位的，他人同样也能列举艺术作品给社群成员所带来的其他次级效益。因此，所谓'质量'，只不过是一种大致而言的衡量标准。与那些作者孤芳自赏的作品相比，一项被许多受众认为具有取悦、启迪、教诲、激励或者粗鄙特性（即引起某种激烈反应）的作品应该被认为具有不同的'质量'。作品的意义只能体现在它与受众的相互关系之中。如果不说明某件事物是对于谁、何时、何地以及根据何种标准来说属于更好，那就无法判断它究竟是否'更好'……'艺术家'一词含义比较广泛，足以兼容专业艺术家和不断增加的业余艺术社群。如果混淆这两者，那就会混淆高雅文化和通俗文化。这正是20世纪以来所出现的现象，而网络正在加速这种混淆，使得创造性表达方式变得更加多元化。"

布鲁克曼(Bruckman, 1999)

新型文化参与形式

对于那些通过互联网而构建社群的人来说,可以使用的方法种类繁多,仅仅只受限于想象力和参与者数目。我们可以根据四种方法对网上参与者做出分类:加盟、表达、合作求解以及流转(Jenkins et al., 2009)。

在艺术和文化领域,加盟并不是什么新生事物。各类文化组织长期以来就一直拥有用于培养忠诚感的各类"友好"团体。它们通常能够获得特殊利益,致力于培养对于组织的归属感;即其成员不仅要参与相关活动,而且还要成为捐赠者。网上加盟的特殊之处在于,它不是由文化组织发起或者组织,而是由公众运用社交媒体技术所组建,所以并不受制于文化组织的掌控。然而,文化组织应该参与那些与其艺术形式相关的网上社群事务。

社交媒体技术已经造就了一个全新的世界,使得所有人都能够表现自己的创意。现在,不仅只有文化组织公布艺术信息,文化参与者们同样也在利用传媒网站自行创作和公布作品。他们创作网络小说(fan fiction),给已有作品赋予自己的想法,以及上传自创的视觉作品。如此一来,他们就拓展了艺术的定义。

在网上参与文化的形式

方法	社交媒体技术的运用	文化组织的运用
加盟	网上社群	网上会友团体
表述	上传作品	在专业网站上公布
求解问题	向外求助	资金筹措
流转	分享信息	博客、公开访谈
		与评述网站的链接

一旦完成了文化产品的自行创作,他们就会想要同这个世界分享

其成果，就像那些有所成就的艺术家一样。借助于自己的社交媒体技术网站，文化组织可以为他们提供这些机会。

求解问题是另一类网上活动。它把人们的作品放在一起以便回应某种挑战。这种挑战或许是知识性的，诸如写作内容；它也可以是操作性的，需要通过外来支持而集思广益地解决问题。文化组织应该考虑的是，如果运用这种机制，应该如何改变筹资方式？关于最佳筹资方式的问题以往大多是关起门来进行讨论，而对于最佳金额问题，文化组织则会在网上征询有意出资者的意见。

流转指的是通过评论和博客等途径实施信息共享。它们都是传播个人见解的工具，从自己所认识的人群那里扩散到网上任何一名愿意倾听者。关于文化组织和艺术家们的信息通常借助于这些工具而获得分享。因此，与其担忧将会面临负面意见而对抗这种趋势，文化组织应该积极主动地参与其中，甚至乐意在自己的网页与那些评论网站之间建立链接。

文化组织都是通过艺术家的眼光去看待世界。它们希望受众能够忘却自己所关注的事物，而只考虑提供给他们的那些信息。对于新型的文化参与者来说，这一点基本上难以奏效。倘若文化参与者一直使用博客描述自己的生活，上传一些关于宠物嬉戏的影像或照片，他们为何要忘却自我转而只是关注艺术家呢？这并不是说文化组织不要与公众进行交流，而是意味着现在必须平等地与他们进行交流。

文化的平等地位

人们不再乐意听命于权威。因为想要把握自己的命运，他们不愿再接受听命于人的生活经历，而是希望能够主动参与娱乐和休闲活动而不局限于作壁上观（Dychtwald，2003）。对于文化组织来说，这就意味着，没有受众参与的被动感受甚至创作都无法吸引受众。现在，因为人们不再满足于只是充当受众，所有的文化组织都必须考虑如何使得公众也能亲身体验艺术的创作。

艺术家有时也可利用外援

特纳当代艺术馆（Turner Contemporary）是英国一家美术馆，打算主办一位巴西艺术家的作品展，它们都是用稻草、绳索和小珠子编织而成。最终作品不仅将在该美术馆展出，而且还将与欧洲大陆建立联系。参观者可漫步于各种编织作品之间，甚至还可闲坐在编织而成的吊床上观赏展览。真正使得这种艺术作品具备独特性的是，这位艺术家只是进行作品设计，实际编织工作则由当地居民来进行。这些自愿的编织者持续独立地工作数月。在艺术家临行之际，作品也将完成，而与当地编织者之间的这种合作却不会终止。此外，还设立了人们可以自愿加入的车间，参与者在那里制作用于这种艺术品的小珠子；绳索交换则在居民的住处进行，他们捐出艺术展所用绳索而换取巴西绳索。因此，这样的创作过程确实构成了一个平等合作的艺术创作项目。

ArtDaily. Org (2012)和 Destinations (UK 2012)

每个人天生都具备审美感，但对于究竟"什么是美"的看法却因人而异。其实，从日落日出、一个数学公式乃至一片精耕细作的土地那里，人们都可以感觉到美的存在。这意味着，所有人都拥有能够增添生活情趣的审美感，而对于艺术的体验只是丰富生活的诸多方式之一（Dewey, 1980）。进一步说，现在每个人都具备了参与艺术讨论、艺术互动乃至艺术创作的手段。这一事实应该令文化组织感到振奋，因为它将使得人们的生活更加丰富多彩。

这些新型的艺术创作者和寻求体验者通常会根据经验给自己定位，而不是根据工作职责或者家庭事务。他们会被那些能够提供体验机会的产品所吸引（Hill, 2002）。在这方面，文化组织具有某种独特的优势,因为它们一直在提供某种艺术体验。现在,它们必须为公众营造某种途径,帮助他们与艺术和文化组织进行互动,而不再只是被动地聆听专家们的演说。

你希望自己的作品能在博物馆展出吗?

在2006年,加拿大的安大略艺术博物馆(the Art Gallery of Ontario)决定增加一项不同类型的展览。展出内容不是专业艺术家的作品,而是要求参展的肖像必须出自于普通百姓,规格必须是4×6英寸,可采用不同传媒手法进行创作。虽然博物馆并未公布对于肖像的要求,这一理念却吸引了公众。从加拿大全国各地和许多国家的个人、组织和社群那里,这个名为"胆大妄为"(In Your Face)的展项总共收到了1万多幅肖像。其特色就在于参展者身份的多样化。这项展览不仅打动了公众,而且改变了博物馆的思考方式,那就是,最为重要的不再是博物馆馆长的专业见解,而是参观者们的感受。

麦金太尔(Mclntyre,2009)

新的参与模式

长期以来,文化组织在艺术参与方面的关注点一直是,如何采用教育模式而不断地增加受众。它们认为,文化消费者对于艺术形式了解得越多,就会更多地参与、支持文化组织。这些消费者只是受邀出席某项活动或者演出。若想更加深入地参与其中,文化组织将会提供普及性的项目,诸如在音乐会之前的对话,旨在吸引具有一定知识的人们。文化组织能够继续提供这种参与机会。

一种新型模式的立足点在于艺术的形式而不是文化组织相关的参与(Novak-Leonard and Brown,2011)。这种模式把艺术和文化视为由社群全体成员所创作的事物。这一点总是成立,因为人们并不缺乏创造性；其新颖之处在于，现在形成了一条使得每个人都能与他人分享自己作品的途径。因此，文化组织需要反思自己设计文化产品的方式，接纳这种互动。技术进步使得公众能够通过网上社群和共同创作的方式而参与，使得消费者能够创造性地而不只是知识性地参与。

管理与营销合作

时值关于艺术管理的第一部概论出版之际，该领域所关注的是如何运用广告和征订等营销策略来实施促销。各种广告大多针对的是中产阶层，传播的是"参与文化活动是中产阶层生活不可或缺的部分"这种观点。当时，营销的唯一重点是征订式营销策略，尽力长期维持客户群体，以及培养他们对于文化组织的忠诚度(Rawlings-Jackson,1996)。

在20世纪70年代前期，市场营销强调的是，改用受众调查法搜集有关文化活动者参与群体的信息，以便设计出能够更好地打动这些受众的营销方式。它并不关心受众动因探寻或者偏好确定之类的定性问题。相形之下，它所关注的是各类群体的"上座率"(bums-on-seats)研究(Reiss,1974)。到了20世纪80年代初，美国的各种文化组织急剧地扩展，导致过多的组织都不得不竭力争取为数原本就有限的消费者。因此，那种仅仅凭借广告而向公众通告文化活动的方式已难以奏效。身处狭小的艺术市场空间，各文化组织都必须制定某种更加全面的营销策略，营销因而也就变成了它们的核心事务。

往日的做法是，先由文化经理和艺术家独自决定自己的组织应该创作什么(Bhradaigh,1997)，然后再将文化产品递交营销经理，而后者的职能就是借助广告为作品寻找足够多的普通受众。鉴于消费者的数目已显不足，艺术职能和营销职能的传统分界也随之消失。现在，两个领域都已发现，必须了解受众的动因和需要，必须了解人们选择参与的缘由。为了获得这些信息，对于群体的研究现在不仅只是记录数字，而且还要进行分析。

讲出你自己的故事

这句话听似有些老套,但是美国肯塔基州的"路边剧院"(Roadside Theatre)则已经将它转化为现实。这家剧院擅长体现当地阿巴拉契亚人的生活和文化之作品。作者们不是自己撰写剧本,而是采用讲故事的方式构思新型的戏剧作品。处在编制过程中的戏剧将展示给当地居民,要求他们围绕戏剧主题讲述自己的故事。其中一些故事将被结合到剧本之中。一旦戏剧上演,就再度使用这种方法。演出结束后,剧院向受众了解他们的观感,而这种努力可以使得演员们的表演更加接近现实。

再者,除了在戏剧制作时与受众分享作品,该剧院还采用书籍、录像带、录音带和短文记录相关内容。事实上,"路边剧院"对自己的参与模式信心十足,进而还同其他社区进行合作,帮助他们创作和记录本地文化。

伯威克(Borwick,2012)和"路边剧院"(2012)

新的营销模式注重采用那些有助于与公众结盟的技术,并且要求文化组织反思自己对"文化产品"进行定义的方式。因为它不仅是一种新的促销方式,而且还要求组织内部所有员工的相互支持。为了吸引文化参与者,文化组织需要创作令他们能够创造性地参与其中的艺术作品。这种创作需要采用一种能够让艺术家、艺术经理和艺术营销者相互合作的新型方式。

总 结

受众参与方式的改变对于各种文化组织提出了挑战。这种挑战不仅在于如何增加受众,而且要求重新设计文化产品,以及提升消费者的参与程度。现在,各个年龄段的受众数目都日见减少,而不只是年轻人群体。鉴于那些受过良好教育的受众数目同样也在下降,预测参与者数目的那些传统指标已经丧失了功效。我们可以将受众同文化组织交往的程度看作一个从单纯出席到艺术创作的关系链。文化消费者们愿意体验艺术创作活动,但却不会做更多的介入。文化组织历来认为,通过教育,这些文化消费者可以沿着参与关系链而有所进步。凭借社交媒体技术,人们现在已经能够更加主动地参与生活的各个方面,包括产品购买在内。文化参与者不仅想要体验作品,而且有意通过艺术创作对组织有所贡献。网上参与方式的范围包括加入网上社群、粘贴评论和意见,以及上传个人作品。新型技术并不构成什么威胁,文化组织同样也可以利用它们同公众建立合作关系。

参考文献

Abercrombie, N., and Longhurst, B. 1998. *Audiences: A Sociological Theory of Performance and Imagination*. New York: Sage.

ArtDaily.org. 2012. "Turner Contemporary Calls on Visitors to Help Create Spectacular New Art Work" ArtDaily.org. August 9. http://www.artdaily.org/index.asp?int_sec=11&int_new=57004.

Bhrádaigh, E. Ní. 1997. "Arts Marketing: A Review of Research and Issues." *From Maestro to Manager: Critical Issues in Arts & Culture Management*. Dublin: Oak Tree Press.

Borwick, Doug. 2012. "Reinventing the Wheel." *Emerging Matters*. August. http://www.artsjournal.com/engage/2012/08/reinventing-the-wheel/.

Bruckman, Amy. 1999. "Cyberspace is not Disneyland: The Role of the Artist in a Networked World." *Epistemology and the Learning Group: MIT Media Lab*. http://www.ahip.getty.edu/cyberpub.

Burgess, Jean, and Joshua Green. 2011. *YouTube: Online Video and Participatory Culture*. Cambridge: Polity Press.

Destinations UK. 2012. "Turner Contemporary Calls on Visitors to Help Create Spectacular New Art Work." August 20. http://www.destinations-uk.com/news.php?link=news&id=12327&articletitle=Turner%20Contemporary%20calls%20on%20visitors%20to%20help%20create%20spectacular%20new%20artwork.

Dewey, John. 1980. *Art as Experience*. New York: Perigee Books.

Dobrzynski, Judith J. 2012. "Chasing Audiences: Too Much Emphasis on Youth?" July 26. http://www.artsjournal.com/realcleararts/2012/07/chasing-audiences-too-much-emphasis-on-youth.html.

Dychtwald, Maddy. 2003. *Cycles: How We Will Live, Work and Buy*. New York: The Free Press.

Hill, Sam. 2002. *60 Trends in 60 Minutes*. Hoboken, New Jersey: Wiley & Sons.

Jenkins, Henry, with Ravi Purushotma, Margaret Weigel, Katie Clinton, and Alice J.

Robison. 2009. *Confronting the Challenges of Participatory Culture: Media Education in the 21st Century*. Cambridge, Massachusetts: The MIT Press.

Johnson, Lisa. 2006. *Mind Your X's and Y's: Satisfying the 10 Cravings of a New Generation of Consumers*. New York: Free Press.

Johnson, Steven. 2006. *Everything Bad is Good for You: How Today's Popular Culture is Actually Making Us Smarter*. New York: Riverhead Books.

McElvoy, Anne. 1998. "Tiaras and Trainers can Mix at the Opera." *Independent on Sunday*, October 18.

McIntyre, Gillian. 2009. "In Your Face: The People's Portrait Project." *Exhibitionist*, Fall.

National Endowment for the Arts. 2008. *Arts Participation 2008*. Washington, DC: National Endowment for the Arts.

Novak-Leonard, Jennifer L., and Alan S. Brown. 2011. *Beyond Attendance: A Multimodal Understanding of Arts Participation*. Washington, DC: National Endowment for the Arts.

Rainie, Lee, and Susannah Fox. 2012. *Just-in-time Information through Mobile Connections*. August 2. http//pewinternet.org/Reports/2012/Just-in-time.aspx.

Rawlings-Jackson, Vannessa. 1996. *Where Now? Theatre Subscription Selling in the 90's, A Report on the American Experience*. London: Arts Council of England.

Reiss, Alvin. 1974. *The Arts Management Handbook*. New York: Law-Arts Publishers.

Roadside Theatre. 2012. August 20. http://www.roadside.org/.

Solis, Brian. 2010. *Engage! The Complete Guide for Brands and Businesses to Build, Cultivate, and Measure Success in the New Web*. Hoboken, New Jersey: John Wiley & Sons.

Tepper, Steven J., and Yang Gao. 2008. "Engaging Art: What Counts" *Engaging Art: The Next Great Transformation of America's Cultural Life*. New York: Routledge.

Wogan, Terry. 2012. "Let's Have Much More Opera on the Beach." *London Telegraph*. July 7.

第 4 章　营销和环境

　　营销目前依然过多地被很多文化组织用来诱导消费者购买一些多余物品。由于营销是被当作做生意的手段而问世,文化组织或许担心自己会被商人的贪欲所玷污。无疑,早在设立营销部门的公司出现之前,产品和服务就已在个人之间进行交换。由于营销的意义就在于增强产品和服务的吸引力,将其货源状况(availability)通知潜在消费者,大多数艺术家其实都已经涉足于营销,因为他们终究需要有人来购买其作品。如果说作品打造就是为了更能打动那些潜在的买主,艺术家无疑已经涉足于营销。即使本意并非如此,但他们至少还需要通过营销说明其作品的货源状况。

　　每当考虑改变营销策略时,人们总是希望即刻就能把新的想法付诸实施。非营利性组织的工作者们无疑都富有创意,他们从来就不缺少点子。但是,无论立刻采取行动的做法多么令人神往,文化组织首先必须考虑自己内部的诸多因素和外部环境的各种变化,因为它们可能会影响计划的实施;此外,还需要兼顾消费者环境的各种变化。若非如此,因为缺乏必要的内部资源和外部条件,组织制订的营销计划就会面临告吹的风险。这种分析过程被称作"环境扫描"(environmental scanning)。

营销思路

　　关于产品销售,存在着三种基本思路,即以制作、销售或消费者为导向。注重于制作的思路是，任何一种质量的产品都能够吸引消费者。注重销售的思路则认为，如果公司拥有正确的销售策略，就能够卖出任何一种产品。现在所要讨论的方式则与营销的概念相关。

关于营销的制作思路

关于营销的制作思路是对组织能够制作的物品实施内部审核。组织需要确定雇员能够制作些什么，并以这种产能为基础制定产品决策。例如，在企业组织中，可能出现的问题包括工程师们能够设计出什么产品。在文化组织中，问题则可能变为演员们能够出演哪类歌剧。营利性公司的雇员们不会反对新产品的制作，而文化组织的艺术家则有可能会拒绝创作一些自己不感兴趣的作品。虽然名称听起来商业气息甚浓，但制作的思路却一直为大多数文化组织所采用。它是一种将组织成员的能力和愿望放在优先地位的思路。

如果具备充足的资金或者恰好存在着对其作品的需求，文化组织就能取得成功。但是，假如资金或产品需求不足，组织就会铩羽而归。如果另外还有其他组织提供相同的产品，需求对于双方来说都会显得不足，而获得消费者青睐较少者或两个组织都会失败。

消费者需求不足将导致销售收益的不足，进而使得文化组织必须仰仗公众的资助。因为缺乏资金，制作的思路对于任何组织来说都是充满了风险的路径。依赖于公共资助，文化公司在选择自己的产品时就无须顾虑市场行情。在这种情况下，文化组织会以自己的作品数量作为衡量自己成功与否的尺度，而不是上座率或者收益之类的目标。鉴于文化组织是希望营造文化的文化产品创作实体（entity），它无疑非常乐意增加产量。

关于营销的销售思路

营销的第二种思路就是注重于将产品卖出去的销售思路，而衡量成功的尺度就是所售出的产品数量及其销售收益。某些文化组织时常错误地认为销售是营销的唯一思路，而其实它只是一种为少数公司所采用的思路。这种销售思路认为，运用积极主动的销售技术可以说服消费者进行购买。这种思路通常难以如愿，因为大多数人都是非常懂行的消费者。这种思路存在的问题是，试图向消费者发号施令而不是耐心地了解他们的需要。在制作的思路碰壁之后，许多组织都转而采用销售思路，力图促进销售和求得生存。

以消费者为导向的营销思路

今天，大多数组织都采纳了以消费者为导向的营销思路。其基本特性是，首先考虑消费者的需要和愿望，然后再进行创作。当然，这并不是说组织无须考虑自身的创作能力。如果作品属于自己无力或者无意创作的，那就没有哪个组织能够满足消费者的需要。当然，为了不违背其宗旨，在更改迎合消费者的产品方面，文化组织确实会受到某些限制。然而，完全可行的是，即便无须关注创作因素也能够履行组织宗旨，因为创作思路所考虑的只是组织的创作能力和意愿。

采纳以消费者为导向的思路，在消费者的愿望与文化组织的愿望之间存在着一定的协调空间，虽然双方对于产品的定义略有不同。对文化组织而言，产品属于它所创作的艺术；相形之下，消费者则认为产品带来的是一种总体的感觉，既包括产品本身，又包括娱乐、教育和社交等功效。无疑，文化组织可以满足所有这些要求而无须改变其核心作品。文化组织所需改变的是，宣传、展现和包装其产品的方式。如果文化组织无意改动这些特性，那就意味着退回到了制作的思路；也就是说，它必须拥有充足的需求或者能够获得补贴。

与此相似，消费者们同样也知道，受其宗旨的指导，文化组织产品所提供的效益能够超越眼前的消费。许多营利性公司，诸如销售环保产品者，都是着眼于更加广泛的目的，而不只是为了满足消费者的需要。这类组织必须通过营销技术向消费者宣传其宗旨和产品；为了消费这些对社会有益的产品，消费者或许会愿意支付更多，或者忽视产品的其他一些效益。因此，文化组织应该把营销策略看作一种有用的工具，而不是与组织宗旨相抵触的东西。

团结就是力量！

如果资金减少了，应该怎么办呢？那就尽量同那些际遇相同的文化组织开展合作。在美国的俄亥俄州，戴顿爱乐乐团（Dayton Philharmonic Orchestra）、戴顿芭蕾舞团（Dayton Ballet）和戴顿歌剧院（Dayton Opera）决定合并成为戴顿表演艺术联盟（Dayton Performing Arts Alliance）。部分原因是，合并这三家员工和行政人员可以节省成本，但还存在着其他正面理由，诸如联合营销等。现在，如果消费者购买了芭蕾舞或者歌剧的门票，就可获得观看乐团演奏的代金券。与此相似，如果他们预订乐团的门票，也可获得其他两个组织提供的某些选项。由于这三家组织依然保持自己的实体，这种合并确实存在困难，但是它们全都注重于运用有限的资源履行其宗旨。因此，实用主义与相互合作的考虑得以胜出。

摩斯（Moss, 2012）

改变组织的重点

对文化组织来说，从制作或者销售的思路转变到以消费者为导向的思路并非易事。导致这种转变的原因通常在于，文化组织丧失了客户或者遭遇到财务困难。这些危机为解决问题提供了契机，因为它们能够促使文化组织改变自身定位和经营方式。但是，如果并非遇到定位和宗旨方面的问题，文化组织大多依然会固守这样一种看法，即它们的生计应该获得政府的补贴，因为如此这般符合社会的长期利益。

现在，文化组织必须面对的现实是，政府资助将不再能够挽救组织，它们必须自谋生路（McCleish，2010）。文化组织正面临的挑战是，如何凭借有限的财务、人力以及志愿者资源而生存；它们还必须正视的是，消费者的需要和愿望正在发生变化，进而将会改变自己同消费者之间的关系。

许多文化组织都认为门票的价位才是自己得以生存的关键，如果降低门票价格，就能确保生存。然而，消费者在选择产品时确实会考虑价格因素，但它通常却并不是决定性的因素。组织真正需要做的事情是，把关注点从发售门票转换到消费者本身。这就要求营销管理者同产品创作者们一起工作。组织中的每个人都对其生存负有责任，而营销计划的制订就是能够把大家联合在一起的关键。

营销和文化组织

文化组织历来就对营销持负面看法。其缘由包括，它们认为营销意味着资金的使用不当，对于资源已经有限的文化组织就等于增添了一笔固定开销。另一种负面看法是，营销属于干扰性和操作性行为，使用营销策略就意味着低价抛售，使得自己难以同出售通俗文化的营利性公司相区别。文化组织的工作者之所以形成这种观念，原因或许在于，正是因为不愿意在追求利润的环境中工作，他们才选择在文化组织工作。

营销的使用

作为一个独立职业，艺术营销活动属于新生事物。它起源于传统的艺术推销者（promoter）角色。因为艺术家无法再仰仗个人捐助，艺术推销者的职能就是为他们寻找自己所陌生的受众。艺术家和推销者之间并不是合作伙伴关系，推销者的职责就是尽力满足艺术家的需要(Rentschler and Kirchberg,1998)。

文化组织的增长满足了对于新型中介者的需要。新型的艺术营销者(marketer)是为文化组织工作,而不是直接效力于艺术家,但其作用却与艺术推销者相似,也就是为艺术家服务。对于文化组织而言,成功的标准就在于实现自己的艺术目标,而金钱报酬的考量则在其次。

不是为了利润,艺术营销者的职责是确保艺术家能够获得受众。营销者首先关注的是艺术创作,并且期待受众的光临。因为文化组织首先关注艺术作品,其次是社会效益,然后才是消费者,无须惊讶,它们并不看重营销策略的功能。除非为了使得艺术项目或者展览更加赏心悦目而考虑如何摆放艺术品,它们很少考虑消费者的想法。事实上,现在仍然还有不少文化组织的管理者不知道如何运用营销策略宣传他们的宗旨。

营销的着重点就是使用广告和征订策略进行促销。其中,广告针对的是中产阶层,所宣传的理念则是,"参与文化活动是中产者生活方式的一个重要部分";而征订的策略则意在鼓励消费者能够持续光临,培养他们对于文化组织的忠诚(Rawlings-Jackson,1996)。

20世纪70年代,营销领域获得了拓展,开始运用受众普查法研究消费者。文化组织收集有关出席文化活动的群体信息,以便运用促销手段吸引更多的受众。在调查受众动因和确定受众需求方面则尚未开展定性分析。取而代之地,关注的重点在于受众群体的"上座率"问题(Reiss,1974)。

因此,文化组织发现,它们的受众相当地单一或者同质,大多是那些受过良好教育而收入较高的群体,而且欣赏内容则是主流文化。鉴于艺术组织的宗旨是向所有人展示那些被认为是不可或缺的艺术,这并非一个好消息。因为文化组织争取公共资助的理由是,艺术为陶冶整个大众的灵魂和生活所必需。倘若只是为数有限和身份单一的群体出席活动，文化组织就无法为自己应该获得公共资助而进行申辩。

过去，艺术经理和艺术家决定文化组织应该制作什么产品（Bhrádaigh，1997）；然后，文化产品被移交给营销经理，而他的使命就是运用促销手段为作品找到那些陌生但数量充足的受众。现在，鉴于消费者的数目有限，艺术和营销之间的那种职能分工已逐渐消失。两个领域的人员都感到需要了解受众的动因、愿望以及决定出席的原因。为了获得这类信息，只是研究群体的做法已经显得不足，文化组织还需要分析受众的结构。

到了 20 世纪 80 年代初，在美国，由于各类文化组织的迅速扩充，许多组织都必须竭力争取数量有限的客户。因此，那种简单地把参与文化活动的消息通知公众的做法已难以奏效。竞争性的艺术市场要求文化组织制定更加全面的营销策略。

"艺术究竟是否有益？"

这个听似怪异的问题其实是一本探讨此类问题书籍的书名。在该书中，作者阐述了高雅艺术与通俗文化的各种区别，以及我们如何开始认为，需要改变的不是艺术作品而是消费者。

"当艺术不再只是被想象为脱俗的标志，也就是说，由一些人为许多人的启蒙而创作，与其他更加通俗的作品截然有别。借助其内容或者特性，艺术评论家们目前或许还无法判断两者之间的差别，但却坚持认为需要避免真正的艺术形式被削弱，需要确保人们获得能够分辨从优秀到低劣艺术之能力的培训……这些评论家希望，由于有了正确的艺术类型，普通大众终将能够欣赏目前被他们所漠视、怀疑甚而厌倦之艺术的魅力。他们终将会喜欢上正确的艺术类型，从而能够享受这些被视为宝贵艺术的效益。"

杰森（Jensen，2002）

从受众开发到受众关系模式

随着关注点从上座率转变为增加艺术受众,20世纪90年代,许多文化组织尝试了各种各样的营销方式。鉴于艺术活动参与者主要是高收入者,艺术推销者们认为收入不高者是因为付不起门票而未能出席,所以将目光又转移到了定价方式。他们认为,如果为那些低收入的年轻人和年长者提供特定的票价优惠,就能够提高上座率。看似未能引起他们注意的一点是,这些群体却仍然有钱用在其他活动上,毕竟年轻人才是那些价格不菲之通俗文化的主要消费者。

确实,对于某些文化组织而言,人们大多并不需要它们的作品。然而,它们依然能够为这些人提供理解、欣赏各类艺术的培训。致力于开展艺术欣赏的普及性教育,各种外联项目逐渐成为各类文化组织的工作重心。尽管这些项目与公众建立了良好的关系,但尚无证据表明它们解决了上座率问题(Kolb,2002)。

21世纪伊始,外部环境的变化最终迫使文化组织重新思考它们的宗旨、产品和受众,而不再只是上座率问题。由于社会的快速变迁,许多文化组织无法确定自己的定位和方向,因为在快速发展的时代,人们非常易于接受各种重大的变化(Bridge,2003)。

就在文化组织自认为掌握了营销策略之际,社交媒体技术又迫使它们重新思考与公众交流的方式。然而,社交媒体技术不仅是向公众宣传组织宗旨的工具(Dreyer and Grant,2010),它同样有助于快捷地与公众讨论如何构建牢固的客户关系等问题。

若想成事,就找志愿者

所有社群都要依靠那些把时间奉献给当地事务的志愿者。文化组织无疑很高兴知道,25%以上的艺术活动参与者更有可能自愿投身于社群活动。无疑,文化组织大多都需要志愿者。那么,应该到哪里去寻找这些志愿者呢?关于美国的研究表明,女性志愿者比率为30%,而男性则不到23%。令人惊讶的是,已婚人士要超过独身者,即32%:21%。(或许,独身者正忙于约会吧!)若能更多地了解已婚女性中的艺术参与者,志愿者或许就在我们的受众之中。

尼科斯(Nicols,2007)

营销的各个要素

过去,人们认为营销只对实物产品有所帮助,但商业公司很快就把它同时运用于产品和服务。随着收入水平的普遍提高,人们对于旅游、运输和理财等服务项目的需求也随之增长。服务业的管理者认为,他们同样能够借助于营销理论和实践向客户宣传自己的服务产品。

文化产业隶属于服务业,自然会对营销产生兴趣。但是,在采用营销策略方面,大多数文化组织滞后于那些营利性组织。这或许是因为对于公共资助的依赖使得它们无须考虑如何从消费者那里产生收益,故而对于运用营销理论的兴趣不大。

营销的"4P"和"7P"原则

在分析产品的销售策略时,标准的营销概念是所谓的"4P"原则,即产品(product)、价格(price)、地点(place)和促销(promotion)。它由麦卡锡(E. J. McCarthy)在1981年所著的《营销的基本知识:一种管理方式》(*Basic Marketing: A Managerial Approach*)一书中所推广。这一营销理念迄今仍未过时,而服务和产品营销的"P"概念则得到了扩充,涵盖了群体(people)、实际证据(physical evidence)和过程(process)。"4P"和"7P"两者都凸显了营销部门在制定策略时进行通盘考虑的重要性。

组织营销的产品可以是实物产品、某种服务、某种经验甚至某个理念。产品的价格不仅包括现金交换，而且包括为完成交易所需花费的时间和精力。如果所消耗的时间和精力较多，即便"免费的"产品也同样具有价格。地点因素指的是产品传播。作为营销的因素之一，它考虑的是如何使消费者获得产品。服务因素则包括了提供服务的地点。最后，产品的促销不仅包括广告，而且还包括公共关系、个性化销售、销售优惠和直销，而现在还需加上对于社交媒体技术的运用。

文化组织和"1P"

当文化组织对营销开始产生兴趣时，它们关注的只是促销。由于文化组织具备对作品有所限制的宗旨，它们未曾考虑如何为了吸引新的客户而改变作品组合。由于能够得到补贴，文化组织的索价已经低于成本，故而可能无法为了吸引客户而进一步降价。文化组织的活动范围还时常局限于展示作品的地点。因此，促销的"1P"原则是其营销的考虑重点。

在处理营销策略的促销问题时，过去大多是通过传媒手段宣传产品的各个特性，而这属于传统的大规模营销所采用的售卖方式。那时，因为无法获得关于消费者的信息，营销部门不得不假设所有的人都是潜在的客户。因此，发布营销信息的条件是，文化组织觉得任何一名潜在客户都应该知道的事情。

现在，文化组织的产品营销已经超越了单纯促销的做法。它们不仅要同其他文化组织相互竞争，而且还需要同其他形式的娱乐和休闲活动进行角逐。在制定营销策略时，需要分析产品、价格和地点而不仅仅只是促销。这不仅是为了组织的生存，而且还事关进一步发展。面对激烈的竞争，文化组织必须创作出能够为消费者提供各种效益的产品，即便部分效益完全是娱乐性质的。此外，产品的价格和供货地点同样也必须具备竞争力。

　　文化组织不应再将娱乐看作某种不好的事情。今天,处在全球性的高度竞争工作环境中,消费者都需要工作更长的时间。在闲暇时,他们自然而然地需要获得某种能够放松的方式。文化组织应该牢记的是,"娱乐"意味着消遣、乐趣、愉悦、兴奋、着迷和投入。文化组织不应再羞于提供具备这些特性的作品,而且需要提供各种机会和激励,即能够帮助人们根据新的方式进行思考和体验的艺术。

情景分析

　　营销计划提供的是关注客户、产品、价格、地点以及促销的某种策略。制订营销计划的第一步是对组织内部、客户和外部环境实施情景分析。营销计划必须考虑到组织的内部环境,因为策略的成功取决于是否具备恰当的财务和人力资源。对于消费者所处环境的变化也需进行分析,因为策略的成功还取决于是否能够满足消费者的需要和愿望。最后,还必须考虑外部环境,包括组织的竞争者、经济、政治、法律问题以及技术和社会文化方面的变化。

环境分析的各个因素

类　型	因　素	问　题
内部	现行营销策略	正在做些什么和成功与否?
	财务资源	是否有钱用于作品改进和营销活动?
	人力资源	组织成员是否具有必备的技能?
	组织的文化	组织能否接受新的理念?
客户	现有客户	谁购买我们的产品?
	潜在客户	谁尚未购买但可能会购买?
	产品用途	消费者如何看待我们的产品?
	购买动因	消费者为何选择我们的而非竞争者的产品?

续表

类型	因素	问题
外部	竞争状况	谁是竞争者，营利的还是非营利的？
	经济	消费者是否买得起我们的产品？
	政治和法律	它们对我们的资源有哪些影响？
	技术	还需增加哪些技术以便满足消费者？
	社会文化	哪些趋势会影响客户？

内部环境

内部环境分析需要考察的是组织现行营销目标和策略，以及资源的供应状况和组织文化。这种分析构成了营销计划制订的第一步，而周全地考察组织的资源运用方式无疑也会受到组织资助者们的欢迎，因为他们希望文化组织能够卓有成效地使用其资源（McCleish, 2010）。

内部环境分析的首要步骤是考察组织现行的营销目标。除了把门票卖给客户或者吸引他们参加某项活动之外，组织或许还没有任何营销计划。倘若如此，在制订营销计划时就需要分析组织所追求的目标，譬如借助新的活动系列吸引新的受众或者挽留现有受众。此外，文化组织还需要对产品、定价或地点做出比较切实的调整。

为了能够卓有成效地实施营销策略，文化组织需要具备各种资源，包括财务资源以及拥有必备技能和时间的人力资源。第一，营销策略的设计必须符合组织的预算。这一点可以通过把营销资金限制在年度预算总额的某个百分比而实现。但是，如果文化组织无法确定预算金额，则可以把所划拨的资金当作所拟策略的成本。第二，对于划拨给营销的资金，或可参照那些具有相同规模和宗旨的组织而定。无论采用哪种方法，重要的一点是，必须拨出一笔资金用于营销。无法承担营销费用的组织或许难以持久地生存。

然而，对于营销而言，重要的还不只是金钱。财务困难将会影响到组织的各个方面。若无充足的资金用于修缮销售点或者提升受众所需要的技术，再大的营销预算也无法弥补因创作资金不足所带来的问题。

营销策略还需要人力资源。计划的实施靠的是能干的员工。对组织来说，如果缺乏熟悉社交媒体技术的员工，采用依赖于此类技术的营销策略无异于浪费时间。最后，即便组织拥有了财务资源和熟练员工，还必须安排时间予以实施。如果非营利性组织中的所有人都已是满负荷地工作，这或许意味着今后需要放弃某些任务。

在制定营销策略时，组织的文化同样也很重要。如果董事长或者董事会比较保守，就会增加实施新理念的难度，诸如社交媒体技术项目。若情况果真如此，则可采用渐进的方式求得对于营销计划的支持。

艺术领域不会有"大而告败"的事情？

在1994~2008年，美国的文化组织经历了一场总额高达160亿美元的"基建"狂潮。起因为何呢？因为大家都在如此行事，受托人雄心勃勃，建筑师想要在设计上有所成就，人人都认为经济发展的势头还可以延续。说到底，正是因为大家都不甘人后，这种狂潮才得以形成。不幸的是，最后，许多文化组织都发现，这些项目导致自己陷入了濒临破产的境地。

事实上，针对美国500个艺术组织和700个建筑项目，研究人员发现，这些项目压垮文化组织的原因有三个：第一，它们忽视了经营成本；第二，未能筹得足以弥补这些成本的资金；第三，没有慎重地扪心自问一下，究竟是否确实需要这些建筑，是否具备支付能力或者拥有资助基金？由于这些问题，现在的趋势已经转变为重新使用现有的建筑而不是构建新的宫殿。

坡格瑞宾（Pogrebin，2012）

客户所处的环境

情景分析的下一个步骤是,确定现有消费者的各种特性。文化组织或许希望能够吸引所有的人。在现实中,大部分现行消费者具有某些共同的特性,譬如年龄、生活方式或者性别。描述现有的消费者并不困难,确定潜在的消费者却并不容易,但后者却是一项更加重要的工作。如果知道还存在着尚未有所接触的潜在消费者群体,组织就能够设计出相应的策略。

导致上述问题变得更加复杂的是,过去 20 年间,那些一直基于社会责任感而资助高雅文化者已有所减少,这就进一步压缩了许多文化组织的财务资源。但是,同样还有一些值得乐观的消息。虽然艺术作品的营销者必须面对许多新的挑战,但同时也接触到了许多新的潜在受众。若能获邀参与产品的创作,相关的信息能够体现出其他消费者的反馈,这种被称为"文化参与者"的新型受众就会乐意参与进来。这些参与者对艺术创作抱有兴趣,但是必须能够获得娱乐且亲历其间。他们并不仰慕高雅艺术,也不是只对西方文化感兴趣。他们会在某个夜晚参加摇滚音乐会,而在次夜又去观赏歌剧。他们既能够欣赏莫扎特的作品,又会去天文馆观赏激光表演,然后再去传统的音乐厅聆听西藏诵经。

晚会无人问津?社交媒体保你无事!

一个令所有的组织都会感到担心的情形是,已经在某项活动上投入很大,结果却令人失望。无疑,社交媒体技术有助于避免这类情形的发生。下面是文化组织在活动之前、活动期间和活动之后可以采取的一些步骤。

在活动之前,根据"最先知情者"名单,预先发布有关组织活动的消息。让他们知道自己是首批获邀者而感到与众不同。组织可以调查了解受众们的各种期待,由此可以避免令参与者扫兴的结局。组织还可以利用"博客"或者"推特"等传媒手段公布活动信息,以此博得人们的关注。

在活动期间,通过适时的"推特"而促使参与者的投入。请客人把自己的愉快经历转告朋友。拍摄一些有趣的照片,把它们上传到Flicker Live Stream(一个美国流行的实时发布图片的在线社交平台。——译者注)。在活动现场专辟一个地方,以便参与者记录下自己的想法和体会,用以推动下一次活动。

在活动之后,发送带有活动图标的电子信件。例如,如果某项活动是为了筹措资金,就需告之已经筹得的款项;如果活动旨在阐述某个主题,就应提供更多的信息。为了改进下一次活动,需要发送总结报告以寻求反馈。此举同时也就意味着让客人们知道,他们的见解对于组织很有价值。

帕德隆(Padron,2012)

自不待言,客户们消费的都是文化产品,问题在于他们是如何进行消费的。这一过程涉及竞争、经济情势、政治和法律问题、技术进步和社会文化动向等因素。其中一些属于影响全球非营利性组织的趋势,其他因素则为组织所处的社区所独具。

竞争因素。所有的产品都会遇到竞争者。不幸的是,许多文化组织都以为将会面临的竞争者只有那些提供相同艺术形式的组织。事实上,竞争还意味着消费者将会另行出席的任何文化活动。他们或许出席另外一项艺术活动,观看一部电影之类的公众文化活动,或者干脆足不出户。出于两个原因,了解竞争状况是至关重要的。第一,组织由此可以确定自己独具的竞争优势;第二,可以了解其他组织所提供的效益,以便为我所用。

文化组织之间那种独特的竞争性质已经发生了一些变化。过去,它们只是把那些提供相同艺术形式的组织视为竞争者,现在则急需拓宽自己的视域，因为以往那种区分高雅艺术和通俗艺术的环境已经消失，而文化组织和娱乐公司正在竞争相同消费者的有限时间和注意力。

经济因素。经济情势会对文化组织的营销策略造成重大影响。如果经济运行不佳，人们就没有多少金钱用来欣赏文化产品。因此，营销策略必须既能提供便宜的门票，又能通过促销而确保上座率的效益超出成本。如果人们很看重成本，文化组织可以推销低价的门票；若无法降价，就应该向公众说明所提供的作品为何物有所值。经济情势还会影响艺术赞助状况。为期一年的经济下行不至于影响仁慈者的馈赠（Raymond，2010），为期较长的经济动荡却会如此。因此，非营利性组织必须制定关于各种可选收益来源的策略，以便补偿丧失了的收入来源。

政治因素。文化组织可能会觉得可以远离政治和法律事务。这一点在过去确实成立。但是，出于融资的考虑，当今的文化组织必须慎重地看待政治问题。原因在于，它们的融资或许会在很大程度上取决于谁当选为主政者，而各种法律条文也会影响组织的经营。文化组织必须服从政府有关残疾人士加入资格的相关规则，否则可能就难以对公众开放。如果无法按照规定向政府递交相关报告，文化组织就会丧失非营利者的身份。为了把握政治和法律事务，营销专家不仅需要关注各方面的新闻，而且还应该同政府工作人员保持交往。

技术因素。文化组织必须关注技术进步状况，确定它们是否会改变或者提升自己的作品。大多数组织都知道需要拥有自己的网站，甚至社交媒体项目。然而，它们可能尚未认识到，展示文化产品的方式同样也会受到技术变迁的影响。现在，博物馆的参观者也许会希望看到比较复杂的互动式展览，或者希望画廊在展示和灯光方面拥有最为新颖的演示技术。文化组织可能无力采用所有的最新技术，但是应该尽量在这方面令客户满意。

社会文化因素。20世纪70年代,时值艺术营销活动获得推广之际,社会文化环境的情形与今天大为不同。从那时以来的变化包括了新的工作条件、全球化、营销信息的增加、通俗文化和高雅文化界限的模糊以及融资压力等。例如,今天的生活压力大大增加。鉴于各行业都必须竭力参与全球市场竞争,人们需要更加辛苦地工作更多的时间(Putnam,2001)。他们的住处或许离开工作地点更远,需要长时间地乘车上下班。单身父母和职业女性都面临着来自工作和家庭的双重挑战,已经没有多少时间和精力用在休闲活动上。假如真的有休闲机会,虽然想要体验艺术,可以理解,他们同样也希望享受娱乐。

在生活变得愈加紧张和复杂的同时,人们却要应对日益膨胀的有关休闲活动选项的海量营销信息(Cappo,2005)。这种过度消耗使得人们极力避开广告,导致促销难以成功。那种散发精心设计的小册子或者广告的时代已经过去了,文化组织现在必须在促销设计方面独具匠心,就像它在制作艺术品时一样。

博物馆在担忧什么?

美国博物馆协会(American Association of Museums,AAM)希望它的成员们调查周边环境,以便能够顺应变化。然而,鉴于它们知道博物馆的员工总是觉得时间不够,所以发表了《趋势观察》,强调了下列重点问题:

外包:博物馆可以运用新的方式找到志愿者。

请公众帮助确定老照片中的建筑物和人物。

税收:地方政府把非营利性组织作为收入来源。

33%的博物馆已向地方政府缴纳了用户费用(user fee),因此需要制订计划。

社区偶遇:在街道或其他地方举办展览。

因为无法指望客户的光临,所以必须主动接近他们。

其他融资渠道：提倡实施快捷和便利的细小捐赠方式。

与其培养一些大的捐赠者，不如与许多小额捐赠者建立关系。

让老年人参与：博物馆的参观者数目会随着年龄的增长而减少。

老年人或许需要那些符合其兴趣的节目。

不止是真实：采纳应用软件技术营造总体氛围。

制作应用软件使得参观者能够"掌控"所期待的情景体验。

教育：未必非得到学校去实地学习。

制作任何学校和家庭教师都能够使用的网上授课计划。

AAM（2012）

人口结构的变化同样也影响着文化组织。目标群体的年龄、收入水平或者族群分布的变化都会影响潜在客户的来源，而且还可能影响文化组织的产品构成。对于那些面向社群的文化组织而言，如果社群发生了变化，组织最好也调整其产品和宗旨。时尚或许属于不易定义但却更加重要的问题。如果公众们关注某些全球性问题，组织就应该体现出这种变化。如果公众更加注重家庭生活，在组织的规划中就应增添更多能够增进家庭乐趣的活动。把握这些变化的唯一方式是途径，文化组织必须连续不断地观察外部环境。

竞争优势和营销目标

在对内部环境、客户以及外部环境做出深入分析后，文化组织现在就能够展现出自己与竞争者的不同之处。就性质而论，存在着三个基本类型的竞争。第一，组织或许会具备所谓的客户关系问题。这些组织着重为最好的客户提供服务，并且同他们保持密切的关系。这方面的例子是，当地的社群剧院没有能力上演百老汇的流行剧目，但是知道并且上演为自己客户们所欣赏的剧目。第二种类型是经营优势。如果具备这种优势，组织就能非常有效地进行创作，进而压低成本。然而，没有多少文化组织能够具备这种特质。第三类优势在于作品的领导者地位。这些通常属于那些规模很大而资金充裕的文化组织,因为它们有能力支付那些头牌明星和最新技术所需的费用。

总　　结

营销属于文化组织中比较独特的职能,因为它同时需要关注内部和外部因素。营销不只是促销,还需要针对目标客户运用正确的作品、定价和传播策略。只有这样,促销才能成功。营销已从仅仅用于促销公司所愿制作的产品转变为用于分析和满足客户和社会的需要。这种分析构成了战略性营销过程的一部分。

在制定营销策略之前,首要步骤包括对组织的内部、客户和外部环境进行分析。由于社会的变化及其所导致的消费者行为的变化,文化组织必须改变如何把文化作为产品进行营销和消费的看法。文化虽然是一类特殊的产品,但终究也只是一类产品。文化组织必须了解的是,客户是如何根据对于各类文化组织的内在需要而不是外表差异而选择文化产品的。现在,文化组织需要了解的不只是基本的营销方式,而且需要了解如何使用新型产品和促销策略制订营销计划,以便有效地把握特定的文化参与者。

参考文献

American Association of Museums. 2012. *Trends Watch 2012: Museums and the Pulse of the Future*. New York: American Alliance of Museums.

Bhrádaigh, E. Ní. 1997. "Arts Marketing: A Review of Research and Issues." *From Maestro to Manager: Critical Issues in Arts & Culture Management*. Dublin: Oak Tree Press.

Bridges, Williams. 2003. *Managing Transitions: Making the Most of Change*. New York: Perseus Publishing.

Cappo, Joe. 2005. *The Future of Advertising: New Media, New Clients, New Consumers*. New York: McGraw Hill.

Dreyer, Lindy, and Maddie Grant. 2010. *Open Community: A Little Book of Big Ideas for Associations Navigating the Social Web*. Madison, Wisconsin: Omnipress.

Jensen, Joli. 2002. *Is Art Good for Us? Beliefs about Culture in American Life*. Lanham, Maryland: Rowman & Littlefield.

Kolb, Bonita. 2001. "The Effect of Generational Change on Classical Music Concert Attendance and Orchestras' Responses in the UK and US." *Cultural Trends*, Issue 41.

McCarthy, E. J. 1981. *Basic Marketing: A Managerial Approach*. New York: Irwin Publishing.

McLeish, Barry. 2010. *Successful Marketing Strategies for Non-profit Organizations: Winning in the Age of the Elusive Donor*. Hoboken, New Jersey: John Wiley & Sons.

Moss, Meredith. 2012. "Philharmonic, Ballet, Opera Combine." *Dayton Daily News*. July 8.

Nichols, Bonnie. 2007. *Volunteering and Performing Arts Attendance: More Evidence from the SPAA*. Washington, DC: National Endowment for the Arts.

Padron, Katrina. 2012. "Social Media Secrets for a Sold-Out Event." *Social Media Today*. May 14.

Pogrebin, Robin. 2012. "For Arts Institutions, Thinking Big Can Be Suicidal." *New York Times*. June 27.

Putnam. Robert D. 2001. *Bowling Alone: The Collapse and Revival of American Community*. New York: Simon & Schuster.

Rawlings-Jackson, Vanessa. 1996. *Where Now? Theatre Subscription Selling in the 90's, A Report on the American Experience*. London: Arts Council of England.

Raymond, Susan Ueber. 2010. *Nonprofit Finance for Hard Times: Leadership Strategies when Economies Falter*. Hoboken, New Jersey: John Wiley & Sons.

Rentschler, Ruth, and Volker Kirchberg. 1998. *The Changing Face of Arts Audiences*. Geelong, Australia: Deakon University.

Reiss, Alvin. 1974. *The Arts Management Handbook*, New York: Law-Arts Publishers.

Worth, Michael J. 2012. *Nonprofit Management: Principles and* Practice. Thousand Oaks, California: Sage.

第5章 消费者动因和购买过程

文化组织面临的一个主要问题是,作为文化受众的主流,中年人和中产阶层的上座率已经下降。其缘由甚多,包括经济形势不佳所造成的工时延长、交通时间增加、双职工家庭以及孩子们的课外活动量增加。由此产生的结果是,人们需要工作长得多的时间,承受大得多的压力。体验文化的愿望或许会被直接回到家里躺倒在沙发上的念头所压倒。与此同时,那些年轻的潜在受众也不再乐意只是被动地体验艺术。随着社交媒体世界的成熟,瞬间的链接和反馈已经成为常态,他们无意仅仅只是作为受众。如果说有些消费者缺乏时间和金钱,那么其他一些消费者则希望获得更多的参与体验,显然,所有文化组织都必须提供更多的效益以促进参与率。

产品的各种效益

为了制定能够成功吸引客户的战略,文化组织必须了解人们决定出席文化活动的原因。关于此类活动出席率的文献,提出了下列几类宽泛的缘由:(1)对某种艺术形式或某位艺术家感兴趣;(2)参与社交仪式;(3)想要获得娱乐;(4)陶冶情操;(5)社交活动。

那些对于某种艺术形式或者某位艺术家感兴趣者或许已经出席了各种文化活动。因此,文化组织还需要了解他们在参与过程中所获得的其他效益,以便设计恰当的产品,选择正确的价位,选择恰当的地点以及实施有效的促销。在考虑消费者的动因时,文化组织必须明白,它会因艺术形式和受众群体的不同而变化(Ostrower,2008)。汲取知识的愿望是博物馆参观者最为重要的动因,而迎合社会潮流则是出席其他艺术形式的首要动因。体验高雅艺术的愿望是时常出席艺术文化活动者的重要动因,而这对于那些鲜有参与者来说却远非那么重要。

社交仪式

除了对艺术家或者艺术形式感兴趣,消费者出席文化活动的另一种效益是,获得参加某种社交仪式的机会。除了那些纯粹把文化活动作为娱乐者所追求的效益,他们还希望有更多的收获。对于传统的高雅艺术受众而言,出席此类活动或是为了证明他们的社会价值(Small,1987)。某些艺术作品通常是由艺术家在多年之前所创作,但依然能为人们所欣赏。这些事实表明,艺术家的努力终将能够得到回报。虽然姗姗来迟,但其作品最终总有可能克服困难而取得成功。这些构成了中产阶层的核心价值观。因此,在变化迅速的社会中,艺术证明了传统的中产阶层价值观念的稳定性。当然,对于那些追求放松、乐趣和社交的消费者来说,这种强调努力工作和自我节制的做法并无多大的吸引力(Blake,1997)。

音 乐

"与较高社会层次相关的古典音乐表演协会出现得较早,并且迄今依然存在。19世纪初,在专门的华丽大厅内所演奏的古典音乐与在其他公共场所演奏的音乐可谓大相径庭,诸如小酒店和咖啡馆之类。那种音乐会能够营造出一种氛围,而所有的观众都来自于对奢华环境习以为常的阶层。

作为强化阶层界限的手段,形成了音乐家和受众在音乐厅中应该如何行为的一套礼仪。这些对于中上层社会的受众来说尤其重要,因为这是他们竭力把自己同社会较低阶层相区别的手段,也是同那些更高阶层进行接触的途径。不幸的是,这一点在当今社会中依然成立。"

斯摩尔(Small,1996)

娱乐的愿望

许多消费者并非是对某种特定艺术形式怀有特殊兴趣,观赏话剧、音乐会或参观博物馆只是用来打发闲暇时间的诸多选项之一。他们想要获得的各种效益,包括娱乐、放松以及与朋友和家人进行交流在内,同其他休闲活动提供的效益并无不同。

事实上,出席艺术活动的人或许也更有可能参加其他娱乐活动。与那些不参与艺术活动者相比,艺术参与者参与体育活动的可能性要高出30%。这是因为出席艺术活动者也会进行体育活动。在美国,有26%的成年人参与体育活动,44%的艺术活动参与者也是如此(美国国家艺术基金会,NEA,2009)。

陶冶情操

关于艺术欣赏的所有书籍几乎都强调,陶冶情操构成了参与文化活动的动因。但是,那些关于音乐欣赏的书籍却给人这样一种印象,即这种陶冶情操似乎必须通过艰苦的努力而不是通过欣赏才能实现。在关于音乐欣赏的《谁害怕古典音乐?》(*Who's Afraid of Classical Music*, Walsh, 1989)一书中,作者把学习欣赏古典音乐比作健身运动,即所谓的"付出一分汗水,方有一分收获"。根据该书的观点,通俗音乐得以流行的原因是,欣赏它们并非难事。然而,作为成年之人,读者们应该忘却这些属于孩子们的游戏。如果想要学习如何欣赏那些"复杂的"音乐,读者就必须付出努力才有可能。但是,我们认为,陶冶情操的愿望会因艺术形式的不同而变化。如果动因是为了汲取新的知识,人们的去处就更有可能是博物馆而不是音乐会(Ostrower,2008)。

社交活动

虽然文化组织一直认为它们提供的是上乘艺术体验,但是人际关系和情感表达方面的效益也很重要。社交一直是出席艺术活动的目的之一,而社交媒体技术则进一步充实了这种活动。借助于社交媒体手段,人们交往不再局限于当面接触。在社交媒体领域,人们分享着各种知识,而那些掌握知识的人则具备了社会力量。社交媒体使得我们能够与各种层次的人建立联系,无论认识与否。所谓"链接的一代"(the connected generation)的形成就是受到亲身体验、透明、再创造、相互联系和自我表达等因素的推动(Johnson,2006)。文化活动参与者希望获得许多内容,但绝非抽象的艺术理论。他们想要了解文化组织及其艺术家,甚至希望通过文化组织体现自我。

消费者的决策

在制定决策时,消费者将会考虑相对于文化产品成本而言的效益。我们用"价值"一词描述效益满足与需付成本之间的这种关系,后者包括票价以及照看孩子、交通和其他相关开销。但是,即使无需支付门票和其他开销,出席文化活动依然需要消费者花费时间和精力。在制定促销策略时,文化组织通常没有考虑到这些价值因素,它们以为大家都知道消费者从艺术体验所得到的效益超过了金钱或其他成本。如果文化组织确实关注价值,那就应该重视如何发送有关低价门票的信息。大多数消费者确实在意价格,但经济成本并不是艺术活动价值评估的唯一因素,因为他们还会考虑通过参与艺术活动所得到的其他效益。

消费者对于质量的看法

文化组织的宗旨就在于创作质量上乘的艺术作品，故而通常以为消费者的满足仅仅取决于艺术质量。另一方面，消费者因为缺乏教育而无法欣赏各种艺术形式的精彩之处，所以可能对于质量的含义还另有期待。艺术的质量固然重要，消费者却是根据自己所感觉的总体质量来决定是否出席，包括活动场所的氛围、交通便利条件以及自己是否能够参与等因素。只有满足甚至超过消费者对于质量的愿望，文化组织筹办的活动才堪称高质量者。

建立博物馆社交群

众人皆知，社交通常也是参与艺术活动的重要内容之一。倘若知道没有人会分享你对某位艺术家所抱有的激情，你将会如何行事呢？与其踽踽而行，莫若驻守家中。现在，可以通过社交地点找到那些踪迹难寻的文化爱好者。美国的"相会"网站（MeetUp）具有 45 个社群，旨在帮助人们参观博物馆。只要在该网站上注册，任何人都能够张贴自己的远足计划，寻找那些对于相伴而行感兴趣者。

英国的"文化探索者"（Culture Seekers）网站的宗旨与此相似，即与他人一起欣赏文化。"相会"网站为各类人士提供的是社交机会，"文化探索者"网站则只是安排有关文化体验的远足活动。各家博物馆都已经知道这个网上组织所具备的影响力，21 家博物馆为其成员提供票价折扣。它们还安排了各种主题展览和活动。除了主动地接触我们已知的那些具备兴趣的社群外，还能有其他更好的营销方式吗？

普瑞斯顿（Preston, 2011）

消费者的愿望时常会受经社交媒体和亲戚朋友们口头推荐的影响，而这些愿望的影响力又会超出传媒的推荐意见。一旦接触文化组织，消费者就会对文化活动的质量做出评估。这种初步感觉以往只有在他们步入文化组织大门之后才会形成，而在今天，这一切更有可能在网上形成。

购买过程

若要满足消费者对于质量的期待，文化组织首先必须了解消费者是如何做出购买决定的。了解消费者的决策过程使得文化组织能在制定营销策略、有效地推销产品方面获得某种优势。在文化组织所向往的理想环境中，消费者能够知道参与某个特定的文化活动的必要性，诸如参观博物馆或者出席音乐会，然后在各种文化活动选项中直接定夺。然而，这就等于假设受众的主要动因在于文化产品。这一点或许适用于文化狂热者，但对文化消费者来说却并非如此。再者，处在购买过程中的每一步，文化组织都必须介绍产品的各种效益（Blakeman，2011），同时强调自己所注重的是文化活动的总体质量。最后，文化组织应该把购买过程作为构建客户关系的开端，而不仅仅是完成销售。

因此，文化组织必须知道如何运用购买过程所蕴含的知识吸引受众。这一过程包括五个步骤，即确定自己的需要或者所面临的问题、搜寻相关的信息、对各种选项进行评估、购买以及后续的评估。

确定需要或问题

购买过程始于消费者确定自己的某种需要或者某个问题。他们的问题可能是到哪里出席某位特定艺术家的视觉艺术作品展览；或者，它可能是如何在一个外国城市度假或者是在工作一周后如何愉悦一下的问题。文化组织的主要宗旨当然在于宣传文化，但是还必须考虑到还能为受众解决哪些相关的问题。

在现实中,消费者需要解决的问题可能很普通,诸如晚间进行哪种娱乐活动,或者很具特殊性,诸如与自己想要游说的客户出席某个特定的文化活动。然而,在采取行动前,消费者首先需要知道存在的问题。即使是热情的文化支持者通常也会承认,大多数人认为它不像吃饭和住宿那样属于基本的需要。

信息搜寻

接下来,消费者必须着手信息搜寻,寻找那些能够满足自己需要的文化活动。文化组织必须确保自己所提供的信息简便易得,以便消费者在决策时能够找到必要的信息。同样重要的是,还需考虑到究竟是谁在为受众做出选择。无论进行哪种选择,总是需要有人启动这一过程,但他们可能并不是最终的参与者。

大家都在做,但是值得吗?

许多文化组织都很高兴将社交媒体引入营销活动。但不能忘记的一点是,在它们的营销中,传统的直接邮寄活动仍然还有一定的作用。引入社交媒体技术不是为了取代征询订购或者赞助的函件,而是把它作为补充这些策略的手段。在此,我们推荐三种行事策略。第一,使用社交媒体与目前尚未订购或赞助的消费者进行交流,把他们添加到直接邮寄名单上。第二,就像直接发函那样,以那些使用我们的传媒网站者为目标,因为他们具有某些共同特性和兴趣。最后,分析社交媒体如何能够帮助我们实现营销目标。如果无法改善我们的形象和增加销售收益,那它或许就不值得付出努力。

诺斯鲁普(Northrup,2011)

今天,如果哪位消费者感到精神压力或工作量很大,可以想象,即使确定了某种需要,他或她也可能没有多少时间再度参与这一过程。鉴于节奏很快的生活方式无法兼容对于参与活动的长期规划,文化组织提供的信息必须恰逢其时,通常安排在活动开始前夕。

在此,社交媒体在活动过程中的作用愈发显得重要。它们已经改变了许多消费者的行为,意义最为重大的一点是消费者获取产品信息的方式(Solis,2010)。他们不再依靠文化组织,而是直接从其他消费者那里获得信息。在过去,文化组织能够掌控有关产品的信息,而到了今天已成不可能之事。

对各种选项的评估

获得了充分信息之后,消费者就会对各种选项进行评估。各个文化组织都必须知道其目标受众最重要的评估标准是什么。某些消费者的标准可能是作品的质量,而其他消费者的标准则可能相当平常,诸如活动地点是否交通便利或者是否能找到车位之类。因此,为了帮助消费者做出决策,文化组织应该提供有关文化活动的时间、地点和项目等信息,并且应该提供有关消费者可得其他收益的信息。例如,消费者或许想要知道是否能够买到食品,以便节省时间而增加社交的机会。对于那些文化知识有限的消费者而言,则应向他们提供有助于欣赏艺术表演和展览的信息。

为了合理地选取自己需要的选项,消费者必须能够得到关于各种机会的信息,因为不想贸然地把时间耗费在一些无法满足自己需要的活动上。在这方面,技术同样也是极大地改变了人们做出购买决策的方式。人们需要分享自己的体会,包括借助比较私密的"脸书"(Facebook)以及专门设立的各类公共论坛网站。在进行决策时,"链接的客户"会使用所有的社交媒体手段,包括"推特"和那些服务于特定地域的网站。

购买

文化组织大多未曾考虑到的是,一旦做出了决定,消费者就需要实际地购买文化活动的门票。文化组织必须分析潜在客户完成购票交易的情形。在这个借助互联网能够购得所有东西的年代,许多文化组织依然让客户们为了购买门票而赶到售票处冒雨排队。即设立了能够购买门票的网站,文化组织现在同样还需考虑其网站是否便于登录或者能否借助智能手机登录。在 2012 年,74% 的智能手机用户都通过手机获得定位信息(Zickuhr,2012)。一旦他们发现了相关的组织,就会立刻在其网站上购买门票。

购买后的评估

完成购买后,作为整个过程的最后一步,消费者将会做事后评估。此时,消费者将会判断产品的质量是否符合甚至超过预期,或者感到失望。文化组织必须牢记的一点是,仅仅把受众迎接进来是不够的,还需确保受众获得的感受符合他们的预期,而产品能够提供他们所期待的各种效益。只有觉得文化活动成功解决了原先的问题,消费者才会再度光顾。商界历来有一种说法,即就客户而言,"满意者只会告知一位,失望者却会传言十人"。现在,假如感到失望,客户更是能够通过发布负面的网上消息而昭告天下。

让他们乐意支付更多!

现在,人人都希望能够获得合算的买卖。普通消费者总是希望能够遇到"买一送一"的开价,如此就能够免费另外请上某位朋友吃饭,希望能够得到 10% 的价格折扣或者早中餐价格优惠之类的合算买卖。那么,为何人们还会愿意全额支付呢?若不讲清楚个中缘由,全额索价就会令客户感到交易并不合算。但是,如果索取全价而能提供某些优惠，人们所感到的就不是吃亏而是完成了合算的交易。这些优惠包括提前入场、免费茶点、便利的车位和礼品店折扣等。从游乐场到棒球场等休闲活动地点都已经运用了这些理念。文化组织为何不能如此行事呢？

卡尔（Carr，2012）

消费者的动因

在做出决策的整个过程中，消费者会受到来自于各种内在（个人）或者外在（社会）驱动因素的影响。内在驱动因素包括消费者的价值观念及其相应的信条和独特个性；外在社会驱动因素则包括教育、家庭、社会阶层、族群和相关团体。

影响消费者抉择的内在因素

消费者的价值观、信条和个性塑造了其消费决策，尤其是在文化产品方面。我们可以把"价值观"定义为关于各种行为举止是否妥当的固有理念。当然，人们未必总是会按照其价值观念行事，但若行为有悖于它，则会使他们心绪不宁。个人价值观出自家庭和社会的影响，其中一些也许并没有为人们所了解。关于恰当举止的看法则是根据这些基本的价值观念而形成，包括是否应该参与艺术活动在内。

价值观。文化价值观念是一种关于生活方式的根深蒂固的长期信念。这些价值观念会影响人们在何时、何处、何地以及和谁一起参与艺术活动。例如，若是人们的家庭观进一步增强，就会有更多的人希望全家参观博物馆或观看芭蕾舞表演。若要把握这种机会，在为儿童举办文化项目或者活动时，文化组织就应该增加促销信息。

观念。出席某个文化活动的决定或许出自这样一种观念，即一个好的公民应该经常接触艺术或者是那些值得观赏的艺术活动。然而，它也能够出自这样一种信念,即文化活动能够帮助自己建立或者保持社会形象。出席文化活动的人们或许都认为这样做很有必要,但是各人的意图却有所不同。

对于参与文化活动,同样也存在着一些负面观念,包括品位过高、单调乏味或者成本过高等。这些都必须通过提供与其相反的正面信息或者直接体验而加以改变。然而,一个确实存在的问题是,文化组织难以吸引那些原本就对艺术和文化持负面意见的人。

参与艺术活动就能成为好的公民吗?

我们不知道价值观、观念或个性如何构成动因,但是知道参与艺术活动者都具有公民意识。超过50%以上的人每年至少出席一次社区会议,相比那些不出席艺术活动者高出了35%,而且参与各种志愿者活动的比率同样也高出35%。再者,若无其他事务缠身,他们同样还会以高出22%的比率抽出时间参与投票选举。

美国国家艺术基金会(2009)

个性。当然,动因、价值理念和观念的影响还会与人们的天生个性相关。个性会影响购买决策,包括使得人们更能接受新鲜事物的好奇心理和宽容程度在内。所有这些因素的相互作用决定了个人对生活方式的抉择,包括休闲方式、社交和文化活动在内。

影响消费者抉择的外在因素

外部环境同样也会影响购买动因。尤其确切的是,个人的社会阶层越高,他就越可能对传统的高雅艺术产生兴趣。但是,无论在美国还是欧洲,社会阶层因素对于受众的影响都已是今不如昔(Huysmans, van den Broek, and de Haan, 2005)。这些因素包括教育、族群文化、相关团体、家庭和社会阶层在内,它们将共同塑造人们的消费模式。文化组织若是忽略了这些因素,旨在吸引受众的促销活动就难以成功。

教育。文化组织通常认为,教育是影响受众决策的最重要外部因素。人们普遍认为,如果一个人从小就获得了有关文化方面的教育,成年之后就会感到有体验文化之必要。然而,正如前面所述,家教所形成的价值理念和观念,加上天生的特质,在决定受众方面同样具有重要意义。如果这些因素造成的影响是负面的,它们就会抵消教育所产生的正面影响。即使其他影响并非负面的,让年轻人在中小学期间就接触文化课程也未必能使他一生都参与文化活动。学生们在校时同样需要接触数学、地理和文学,但却只有少数人成年后依然还会欣赏这些学科。

虽然受教育年数同艺术参与程度具有很强的相关性,目前即使是那些受过良好教育者的参与程度也在下降(NEA,2008)。受过大学教育的成年人的文化活动出席率在 1982~2008 年间已然下降,古典音乐、歌剧和话剧的大学程度观众的跌幅高达 30% 以上,芭蕾舞观众的跌幅居然高达 43%。

文化组织明白,消费者不会欣赏那些自己无法理解的东西。基于这种认识,中小学开设的艺术教育课程就是为了培养他们的艺术欣赏能力,让学生们知道体验艺术作品是一件有趣的事情,今后也会乐于再度参与(Myers,1996)。但是,就算学生们初次接触并且欣赏艺术作品,学习艺术还需要反复培训,重复地体验艺术。对于学生们来说,一次性地组团出席交响乐或艺术博物馆也许没有什么长久效果,因为他们缺乏自行再度体验艺术的能力。当然,他们可能会跟随父母再度出席文化活动,如果是这样的话,这类家庭也许早就参与了文化活动。

家庭。家庭或学校教育是否会对个人行为产生至关重要的影响,这一点也许还值得商榷。但是,在其成员选择所参与的活动类型这一方面,家庭具有很大的作用,而在文化消费方面尤其如此。成长于热爱文化的家庭未必就能使孩子日后成为热衷于文化消费的成年人,但相反的情形却总能成立。如果孩子在成长过程中缺乏热爱文化的家庭经历，成年后也就不会进行文化消费。

文化组织或许能比学校更便利地同各个家庭打交道。决定出席文化活动的是父母，如果他们认为文化体验是一件有益的事情，就会带动家庭所有成员都更多地参与其中。

在设计面向家庭的宣传内容时，文化组织必须牢记的是，其发布对象是文化消费的决策者以及最终的参与者。在阖家参与文化活动时，最先得到消息并且想要参与的或许是孩子，而做出决定的则是父母。例如，关于恐龙展览的宣传应该包含能够吸引孩子们的各类互动内容，而且包含有关其教育价值的信息，而孩子们则会催促父母带他们来参观。

社会阶层。所有的社会都存在不同的阶层。可以将某个社会阶层定义为某个正式和非正式地相互联系、具备相同价值观和参与共同活动的群体。划分阶层的依据包括财富、出身或者权力；在现代社会中，阶层划分的依据大多是财富。社会学家们通常把社会阶层划分为上层、中上层、中层、劳动层、劳苦层和下层。这种层级结构折射了传统社会以出生为根据的旧有划分标准。社会阶层之所以重要，那是因为它同其成员可能参与的文化活动类型密切相关。

上层社会历来就与文化消费存在着千丝万缕的联系。出身上层的人们拥有追求和满足艺术和文化兴趣所必需的时间和金钱。实际情况则是，他们需要休闲活动，因为工作未能占用其所有的时间。再者，中产阶层大多是通过勤奋工作而取得的社会地位，并且使得他们能够从较低的等级向上攀升。他们现在希望通过社交活动而能沿着社会阶梯进一步提高，因而会把文化消费视为一条途径。他们知道中上层人们将会参与文化活动。通过提供资助和支持文化组织而与它们建立密切的联系，他们有意模仿和接触更高的社会阶层人士。

另一方面，劳动阶层通常缺乏进行文化消费所需要的时间和精力,因为满足日常生活的各种需要才是更加急迫的事情。由于经常会遇到钱财问题以及教育水平不足,他们的目光通常局限于当地事务。出于经济拮据和视域较窄,他们对出席传统的高雅艺术并无多少兴趣。若要使得他们能够参与,与家庭或者其他社会群体一起,文化活动就必须是低成本的并且具备当地特色。

YouTube,用还是不用?

如果知道 YouTube 每个月能够吸引高达 8 亿的独立观众,我们是否应该考虑它呢?如果知道人们平均每个月花费 3 000 万小时在那里观看各种视频,或者目前它有 10% 的用量来自手机,我们又当如何行事呢?在打算开始把视频上传到互联网上之前,我们需要考虑几个问题。

我们的视频无须是关于可爱的小猫小狗之类题材或者纯粹搞笑的内容,其风格应该符合我们的受众及其对于我们品牌的期待。

"怎样"(How to)一词属于最为普遍的搜索词之一,而有关"How to"之类的视频也是极为流行。宣传文化组织或艺术家专长的视频很有可能被视为纯粹是为了促销。

可以针对当地的受众开展广告活动。虽然 YouTube 是全球性的,但其广告活动却完全能够本地化。

可以运用各种分析手段确定人们观看哪些视频,还可以了解他们是在何处找到了我们的视频。最后,如果已在 YouTube 上拥有了自己的频道,那就应该对订户们进行分析。

托马塞斯(Thomases,2012)

分析社会阶层的另一种方法是考察社会活动。参与投票、担任志愿者和出席会议等社区活动者也更有可能参与艺术活动(NEA,2009)。例如,出席文化活动者参与社区活动的可能性增加了两倍,而担任志愿者的可能性则提高了 35%。另一方面,美国新近出现了一个落落寡合的社会层级,他们不可能参与所在社区的活动。这一群体的特性是缺乏技能、教育和收入水平较低。过去,许多文化组织都把接触这些社群作为宗旨之一。然而,一个新的特性是,这些新生的下层群体不大会参与任何公共活动或者有组织的社会活动(Murray,2012),故而非常难以推动他们参与文化活动。

族群。影响参与决策的另一个外在因素是族群。族群文化,即群体成员解决各种生活问题的方式,会通过生活经验代代相传。参与文化活动的决定不仅仅是个人到场,它还属于族群文化形态的内容。

艺术和文化的运用属于获得族群认同的重要内容。在西方,艺术通常被视为一种独特而神圣的事物,被用作评估个人超越日常生活程度的标准。运用于日常生活而被未受教育者所欣赏的艺术则与工艺或者民间艺术相区别。许多族群文化对于艺术应该如何适应社会具有截然不同的看法。在其他文化中,艺术蕴含于社会生活的普通细节之中,诸如音乐、舞蹈和视觉表演之类的艺术形式并没有看作具有更高的水平,而属于日常生活的一部分。

文化组织的管理者通常来自主流文化,所以总是认为自己的文化形式具有普遍性,能够得到所有人的欣赏。这一点其实并不成立,因为各种艺术形式通常产生于不同文化群体的特殊经历。因此,艺术不易跨越文化边界而得到传播,也不容易被那些未曾体验相同文化力量的人们所欣赏。

体育还是艺术?也许并无不同

人们通常不会把那些观看棒球比赛的人当作艺术参与者,但实际情况却正是这样。在出席各种艺术活动的成年人当中,有一半以上的人同样会出席各种体育活动。相形之下,只有20%的成年人才会观看体育比赛。我们或许认为,艺术参与者仅仅只是想要观看体育比赛,但事实并非如此!只有26%的美国人参与体育活动,但是有44%的表演艺术参与者和博物馆参观者却在其列。若在剧院里看到有人戴着棒球帽,完全不必大惊小怪!

NEA(2009)

相关团体。消费者的行为还会受其选择交往的相关团体的影响。这些群体由那些有意相互交往但却原来并不相识的人们所构成。其范围甚广,包括少年体育运动队、各种民众组织乃至团伙。个人将会遵循群体的行为方式,要么因为已经加入,要么因为希望加入。今天,这些团体同样也借助社交媒体技术而得以在互联网上形成。

年轻人尤其会受到相关团体的影响,因为他们觉得需要建立某种在家庭之外的身份,而通过与其他兴趣相投者的交往则能如愿以偿。若想获得某一特定群体的认可,他们就必须像目前的成员那样行事。与此相似,他们还回避那些自己不愿交往的其他组织的活动。参与某种特定类型的休闲活动,诸如舞蹈俱乐部,或许被年轻人看作正面的,因为这种活动可以体现自己的价值。鉴于出席高雅文化活动的是年长和保守者团体,那些不愿被人认为自己属于这族群体者将会刻意回避之。

这类行为同样也适用于成年人。如果认为参与文化活动是自己希望加入的某个团体所为,他们就会参与其间。如果观赏歌剧的是受过良好教育且社交广泛的团体,由于希望自己也被人们如是看待,他们会更乐意去观赏歌剧。

从前,除了发送促销消息,文化组织难以影响这些团体的行为。今天,对于各种网上团体而言,这一点已成明日黄花。文化组织可以加入那些对某种艺术形式、地理位置或者文化活动具有相同兴趣的团体。如此行事可以通过信息分享而与该团体建立联系。这些新型关系不仅可以影响人们对于文化的思考方式,还可以说服他们更多地出席文化活动或者给予赞助(Kanter and Fine,2010)。

马斯洛的"需求层次"理论

马斯洛的"需求层次"说（Maslow's Hierarchy，1987）[①]阐述了一个人的生活环境如何激励他去努力满足所有的基本需要。根据这种理论，最强烈的动因是满足眼前的生理或人体需要，诸如维持生存所必需的食品、衣物和居所。在这些需要获得满足后，他就会关注安全需要或者确保前述那些需要也能在今后获得满足。一旦眼前和今后的基本生活需要能够获得保障，他就会通过与他人的直接交往来满足其社交需要，而这一点同样也可以通过网上实现。这种基本需要可以解释社交媒体技术为何发展得如此迅速。

一旦通过与他人的交往而满足了社交需要，他们就会感到有必要同人群保持一定的距离以获得尊严，作为个人或者作为某个独特团体的成员。在这些需要都获得满足之后，人们就会通过自我实现而培养自己的内在特性。

马斯洛的"需求层次"理论

自我实现的需求——自我发展，实现个人目标。
尊严的需求——获得承认和社会地位。
社交的需求——归属感，爱。
安全的需求——饥饿，干渴。

马斯洛认为，这些需求的满足将会呈现逐步上升的次序。较低的需求层次可通过食物、衣物、固定工作和家庭关系等外部因素获得满足，而较高层次的需求则需通过自我评价这种内在因素获得满足。人们因为受到某种需求的驱动而去追求满足。一旦这种需求获得了满足，他们就会产生更高层次的需求，并且竭力求得满足。意味深长的

[①] 马斯洛在1943年的一篇论文中提出了这一理论。——译者注

一点是，这一理论也可被文化组织用来考察公众对于文化的需求。

典型的文化受众大多属于受过良好教育的人，他们具有高收入且至少出身于中上阶层。可以认为，这些人的生理、安全和社交等较低层次需求均已得到了满足，而尚未得到满足的只是对于文化的需求。

大多数文化组织相信，高雅的文化可以提升和完善人们的心灵（Woodmansee，1994）。但是，除了某些杰出人士之外，大多数忙于生计的人们或许并不会感到需要运用文化来实现自我，因为其他较低层次的需求更加紧迫。那些为了追求艺术而忽视其基本需求者通常就是艺术家自己，或者是曾经被称为"小资阶层"而现在被称作"反文化团体"的成员。这些人优先追求的是文化欣赏，而把其他方面的需求放在相对次要的地位，诸如个人安全、固定工作以及合适收入等。因此，这些人看不起中产阶层成员，因为后者未能为了文化欣赏而牺牲任何一种基本需求，所以他们的文化品位值得怀疑。

这并不意味着，那些忙于满足较低层次需求而无暇参与文化活动者就没有能力欣赏文化。它的确切含义是，对于这些人而言，展示文化的方式或者机制必须同时也能满足其他方面的需求。这一群体并不拒绝自尊和自我实现，但是可能希望所参与的文化活动同时能够满足社交甚至生理需求。

不幸的是，文化组织的某些工作者认为，为了满足较低层次的人类需要而提供文化活动多少有些贬低了文化（Woodmansee，1994）。他们持有的传统看法是，文化欣赏应该只能出自更高的动因，而满足其他任何需求的文化都大可置疑。这种信念确实存在，因为最初的文化受众就是来自上层社会和贵族。他们的社会地位已经由足够的金钱所确立，他们无须为各种较低层次的需求而费心，进而能够投身于各种文化活动。

然而，如果人们能够同时满足一种以上的需求，那就可以认为，在满足其他较低层次需求的同时，他们也能够增强自尊和实现自我。凭借这种人类行为理论,文化组织就会知道如何采用可以吸引大众的方式去展现文化。

总　结

参与文化活动的缘由通常包括对于某位特定的艺术家或者艺术形式怀有兴趣。然而,个中缘由还可能包括陶冶情操和社交的需要。文化产品的购买过程要比简单的"买或者不买"更为复杂。它始于消费者确定某种需要、进行信息搜寻以及对各种选项进行评估。完成购买后,消费者将会评估文化产品是否满足了他们的需要。购买文化产品的决定受到各种内在因素的影响,诸如价值观、信念和个性等。此外,它还受到诸多外部因素的影响,譬如教育、家庭、社会层级、族群和相关群体。马斯洛的"需求层次"理论描述了人们将根据一定的次序满足他们的各种需求。首先,他们将求取物资需求的满足,然后才是社交需求。

参考文献

Blake, Andrew. 1997. *The Land Without Music: Music, Culture and Society in Twentieth Century Britain*. Manchester: Manchester University Press.

Blakeman, Robyn. 2011. *Strategic Uses of Alternative Media: Just the Essentials*. Armonk, New York: M.E. Sharpe.

Bruxner, Mervyn. 1940. *Letters to a Musical Boy*. Oxford: Oxford University Press.

Carr, Eugene. 2012. "The Case for 'Premium Full Price' Tickets." *CRM & Ticketing Newsletter 2*. July 16. http://patrontechnolgy/newsletter-the-case-for-pfp/.

Johnson, Lisa. 2006. *Mind Your X's and Y's: Satisfying the Ten Cravings of a New Generation of Consumers*. New York: Free Press.

Huysmans, Frank, Andries van den Broek, and Jos de Haan. 2005. *Culture-lovers and Culture Leavers: Trends in the arts and cultural heritage in the Netherlands*. The Hague: Social and Cultural Planning Office.

Kanter, Beth, and Allison Fine. 2010. *The Networked Nonprofit: Connecting with Social Media to Drive Change*. San Francisco: Jossey-Bass.

Lloyd, Richard. 2010. *Neo-Bohemia: Art and Commerce in the Postindustrial City*. New York: Routledge.

Maslow, Ahraham. 1987. *Motivation and Personality*. New York: Harper & Row.

Murray, Charles. 2012. *Coming Apart: The State of White America 1960–2010*. New York: Crown Forum.
Myers, David E. 1996. *Beyond Tradition: Partnerships Among Orchestras, Schools, and Communities*. Washington, DC: Georgia State University and National Endowment for the Arts.
National Endowment for the Arts. 2008. *Arts Participation 2008: Highlights From a National Survey*. Washington, DC: National Endowment for the Arts.
National Endowment for the Arts. 2009. *Art-Goers in Their Communities: Patterns of Civic and Social Engagement*. Washington, DC: National Endowment for the Arts.
Northrup, Amelia. 2011. "Three Ways to Put Social Media in its Place." ArtsBlog. October 4. http://blog.artsusa.org/2011/10/04/three-ways-to-put-social-media-in-its-place/.
Ostrower, Francie. 2008. "Multiple Motives, Multiple Experiences: The Diversity of Cultural Participation." *Engaging Art: The Next Great Transformation of America's Cultural Life*. New York: Routledge.
Preston, Jennifer. 2011. "Rendezvous with Art and Ardent." *New York Times*. October 21.
Small, Christoper. 1987. *Lost in Music: Culture Style and the Musical Event*. New York: Routledge.
Small, Christoper. 1996. *Music, Society, Education*. Middletown, Connecticut: Wesleyan University Press.
Solis, Brian. 2010. *Engaged! The Complete Guide for Brands and Businesses to Build, Cultivate and Measure*. Hoboken, New Jersey: John Wiley & Sons.
Solis, Brian. 2012. *The End of Business as Usual: Rewire the Way You Work to Succeed in the Consumer Revolution*. Hoboken, New Jersey: John Wiley & Sons.
Thomases, Hollis. 2012. "Using YouTube? 4 Tricks for Video Marketing." *INC*. June 26.
Walsh, M. 1989. *Who's Afraid of Classical Music?* New York: Simon & Schuster.
Woodmansee, Martha. 1994. *The Author, Art, and the Market: Rereading the History of Aesthetics*. New York: Columbia University Press.
Zickuhr, Kathryn. 2012. *Location Based Services*. Washington, DC: Pew Research Center's Internet & American Life Project.

第 6 章　消费者细分

受众的数目很少能够达到各个文化组织章程所宣称的那样广泛的社会层面目标。目前的文化受众大多来自于上层社会,他们具有收入较高、年龄较大而受教育程度较高之特性。鉴于这些典型的艺术受众仅只代表了社会的某一部分,文化组织必须知道如何对社会进行分块,以便扩大或者拓宽受众范围。在过去,文化组织只是考虑增加受众,而这种策略的成功与否取决于它能否找到某种类型的更多受众。有所不同的是,营销策略应该根据群体、地域、效益和使用率对受众进行细分。每个独特的细分市场成员都具备某些相似的特性和参与动因。文化组织可以针对某个特定细分市场发送营销信息,而大型组织则可考虑使用各种具有针对性的信息吸引多个细分市场的受众。无论哪种选择,文化组织都必须设计恰当的营销信息,宣传各个受众群体所能获得的效益。此外,许多文化组织还可将游客作为市场细分目标。

制定市场细分策略

因为能够针对更多细分市场的受众包装各种文化活动而体现其产品特色,大型文化组织比较容易制定市场细分策略。例如,博物馆可以举办各种家庭型展览项目,旅馆可以提供包括区内观光游览门票的整套项目,而各种展会则可提供"单身者之夜"项目。因为需要动用其所有资源方能提供某一类的活动或者产品,小型文化组织则无法采用这种方法。这些组织通常更加愿意使用目标营销策略,也就是把那些已经接受其产品的较小细分市场作为营销目标。

然而,若能根据受众们希望得到的不同效益而对他们实施细分,即便是较小的文化组织同样也能提供更好的服务。例如,虽然拥有了具备符合某类群体特性的芭蕾舞受众,文化组织仍然可以提供一些带有特色的作品。把受众中那些想要更多地了解舞蹈者作为营销目标,如此便能够增加该群体中的受众数目。再者,还可以将那些纯粹想要获得娱乐的受众作为另一个目标。采用这种市场细分方式,文化组织就可以增加受众的参与率。

客户人人平等,但是某些人却应更享平等

在华盛顿特区的美国剧院米德艺术中心(the Mead Center),"圆形舞台"(Arena Stage)为赞助者们提供了一些优惠,诸如免费的门票交换。如果不是赞助者,那就必须支付费用。这听起来非常合乎情理。但是,如果某人是一位大额捐助者但并非赞助者,情况又会如何呢?他仍然需要支付这笔费用。这种事确实曾经发生在该组织最大捐助者之一的身上,因为市场开发办公室关于捐助的信息以及售票办公室有关门票的信息未能获得共享。由此,"圆形舞台"认识到,它应该根据对于自己组织所做贡献的总体价值来考察客户,而不只是所购买的门票数目。现在,一旦某个客户的名字输进了数据库,前台人员就能知道他是否对自己组织具有价值。

鲍曼(Bauman,2011)

受众的开发

增加受众是营销部门的中心任务,因为其职责就在于增进受众的规模和深度。然而,这一点同样也适用于所有工商企业的营销部门,因为增加客户就能够提高销售收益。但是,对文化组织来说,受众开发意味着拓展受众的范围和广度,还要包括那些尚未参与文化活动的群体。工商企业还希望拓展其市场细分的广度,但只是为了增加基本客户规模和增加公司收益。相形之下,由于文化组织的使命就是通过艺术作品而与大众进行接触,所以将拓展受众广度本身就看作一个目标。无疑,它们需要消耗可观的资源以便接触、吸引那些尚未参与进来的群体,即便这些客户所能带来的收益相当有限。文化组织的目标就是向尽量广泛的社会层面展示其艺术作品。这种注重使命而非金钱的做法是它们与营利性公司的根本区别。作为对现有和潜在受众实施细分的第一步,文化组织必须确定究竟是否需要增进市场的深度或者广度,或者两者兼顾。

市场深度。为了增进市场的深度,文化组织首先必须确定现有的受众细分市场,然后制定能够吸引这些群体中更多成员的营销策略。这属于文化组织的传统举措,也是一种便于实施的战略,因为各个文化组织已经非常了解现有的受众及其参与动因。但是,采用这种方法只能使得某一细分市场成员数目呈有限的增加,因为该细分市场成员已经了解文化组织,并且做出了是否参与活动的决定。

市场广度。若想借助拓宽市场以增加受众,文化组织必须能够吸引新的细分市场。鉴于消费者除了文化消费之外还有其他休闲方式,文化组织必须能够吸引目前尚在消费其他形式娱乐的消费者细分市场。这些新的细分市场预期效益可能会与现有受众有所不同。因此,文化组织应该对其产品实施效益细分法,使得产品能够出售给新的细分市场,同时能够保持现有的受众。为此,文化组织必须乐意调整自己产品所提供的各种效益。

对受众实施细分的新方法

英格兰艺术委员会(the Art Council of England)开展了有关人们

如何参与艺术活动的研究。其结论是,根据人们是属于高度参与者、部分参与者或者未参与者,可将他们划分为不同的群体;然后,再对这些群体做进一步划分。将高度参与者划分为"城市艺术精英"和"传统文化狂热者",这两个群体都已经参与活动。将未参与者群体划分为"奔波追梦者"、"离群索居者"、"年长蜗居者"和"索然寡味者"。[1] 他们都难以被激发而参与文化活动。然而,采用正确的策略,可以激励这些细分市场多少会有所参与。

乐趣、时尚和朋友:选择合适的交往途径。

成熟的探索者:提供一些帮助他们更多了解世界变化的项目。

晚餐和表演:与他们建立网上联系,因为他们会在那里关注文化活动。

关注家庭和社区:告诉他们哪些活动很有意义。

卧室 DJ 音乐:提供一些值得他们回味的独特活动。

中年人的爱好:激励他们参与文化活动以便发挥自己的创造力。

退休后的艺术和手工艺作品:提供有助于他们参与活动的交通工具。

英国艺术委员会(the Art Council of England,2011)

参与程度。探讨受众开发的另一种方式不在于关注群体中的成员数目,而是考察他们的参与程度。随着消费者与文化组织的交往变得更加深入,他们就会更加频繁地出席各种文化活动。虽然只有那些与组织交往者将会出席,但其他人也会做出更多贡献(Kanter and Fine,2010)。他们可能会同他人分享关于文化组织的信息,可能提供财务帮助,甚至可能更多、更加主动地鼓励他人参与和进行资助。

---

[1] 这些用语的原文分别是"urban arts elite""traditional culture vultures""time-poor dreamers""a quiet pint with the match""older and homebound"和"limited means, nothing fancy"。——译者注

受众定位策略

对于应把多少个细分市场设为目标这一问题，文化组织有四种策略，包括无差异策略、专注型策略、多细分市场策略和微小细分市场策略。具体抉择取决于组织的规模和所拥有的资源。文化组织大多使用无差异定位策略，也就是把公众当作一个庞大的消费者细分市场。这种策略意味着，文化组织认为每个人对于文化具有相同的需求，并且想要获得相同的体验。

专注型策略

然而，一个更有成效的选项是带有针对性的定位。根据这种策略，文化组织需要细致地分析产品能给消费者带来的不同效益，然后选择某一细分市场作为目标，包括那些会对产品效益更有兴趣的人。鉴于大多数文化组织都只具备有限的营销资金，专注型策略可以让它们重点针对某个特定细分市场实施营销，从而更加有效地运用资金。

通过专注于某个特定的细分市场，文化组织就更能保证自己提供目标群体所需要的产品。对于那些无力为公众提供所有产品的小型文化组织而言，这一策略尤其有效。如果小型组织能够着重考虑某一特定细分市场的需要，诸如家庭或者精英群体，那就能够提供迎合这些细分市场的服务和效益。这种策略可使小型文化组织更加有效地同大型组织展开竞争。如果只是空泛地发布消息，小型组织的促销信息大多会被埋没；若能进行仔细的定位，结果就会有所不同。

多细分市场定位

大型文化组织可以采纳多细分市场策略，也就是把更多的细分市场设为营销目标。实施方式是，针对不同的细分市场，把同一文化产品做重新包装,包括改变展示风格、氛围和服务在内。例如,音乐会既可以家庭为对象,又可作为在酒店大厅演奏的日常余兴节目,还可作为投合年轻人偏好的附加节目。同样一台音乐晚会可以针对年轻单身者而进行,安排不同的氛围,包括饮料和随意小吃在内。再者,同样一种文化产品可以具有不同的传递方式、不同的时间甚至不同的地点,以便吸引某个独特的细分市场。

除了改变产品之外,针对多细分市场的另一种方法是保持产品原貌,但是改变发送给消费者们的信息内容。因此,即便文化组织无意改变其产品,它们同样能够使用这种方法。因为产品具有各种效益,文化组织可以传播不同的营销信息,即关于各目标细分市场最想获得之效益的信息。

文化组织应该明白,若是针对多细分市场实施营销,那就必须持续地考察市场,确保自己的选择一直无误。由于当今的各种快速变化,许多细分市场的变化也在加快,而它们的需要和愿望也同样如此。

微小细分市场

现在,技术已经为文化组织提供了针对微小细分市场的营销机会,即那些对于某种比较晦涩的艺术形式感兴趣或与艺术家具有相同偏好的人(Verdino,2010)。虽然总是有人具备各种特殊的兴趣,在现代技术产生之前,文化组织没有什么有效的手段同他们进行接触。运用现代技术,即使他们在地理上相距遥远,文化组织也能针对那些艺术形式构建社群。虽然他们因为位处遥远或难以时常出席文化活动,然而,运用技术手段与他们互动,诸如社交媒体之类,文化组织就能够确保他们成为文化迷,愿意更多地了解艺术和艺术家。

市场细分的方法

每一个文化组织都必须考察现有的受众以及希望吸引的受众。

大多数文化组织都熟悉如何运用群体数据，根据年龄、性别、收入和族群，对受众实施细分。鉴于这是重要的第一步，文化组织绝不可错误地认为这些细分市场的消费者总是希望获得相同的效益，即便他们具有相同的人文特征。另外，由于存在着多种市场细分方法，文化组织无须局限于单独采用一种方法，而其他最常用的方法包括地域、心理、效益以及用途等。

按人口学细分

对于小型文化组织来说，细分人群通常是实施市场细分的良好开端。所运用的人群因素包括性别、年龄、受教育程度、职业、家庭状况、收入和种族。营利性公司的营销部门通过收入细分来确定消费决策是如何受到可支配收入多少的影响的，因此能够向恰当的收入细分人群进行营销。由于文化受众主要由高收入者所构成，在试图接近其他收入水平的市场时，文化组织会遇到特殊的挑战。许多不属于高收入目标市场的消费者会觉得参与文化活动的费用太高，即便情况并非如此。如果已经形成了对文化节目或者活动的价格很贵的偏见，文化组织就必须积极地与低收入目标市场进行沟通，让他们知道，同样还存在能以合理的价格出席文化活动的机会。

如果只把有关合理票价的营销信息放在那些面向高收入群体的宣传册里，那些最需要获得这些信息的群体或许就难以看到。为了接触到那些认为参与成本过高的群体，文化组织必须单独进行促销，直接把有关低成本的消息告诉这一目标群体。

文化组织面临的最大挑战或许是需要根据族群进行细分，以便吸引更加广泛的受众。当然，文化组织会一直说欢迎所有人，事实也确实如此。但是，同样成立的是，对于大多数文化组织而言，尤其是那些展示高端文化产品者，受众是由主流族群成员所构成的。为了成功地吸引其他细分族群，文化组织必须确定如何提供某个特定细分族群所需要的体验,使得自己的产品制作能够更加吸引这一群体。

不要一味地抱怨人们不愿意参与,通过挖掘不同族群社团的需要和愿望,文化组织可以采取主动,确保社团中各个怀有兴趣的目标群体都能得到宾至如归的感觉(Radbourne and Fraser 1996)。这一点或许意味着,需要以不同的方式、在不同的地点或时间展现文化产品,因为族群文化不仅会影响消闲的选项,而且会影响其社交方式。例如,在西方文化中,许多文化活动都被认为"仅只适合成年人",对于那些极其注重家庭交流的文化群体的参与率,它们无疑会产生负面影响。这些群体的成员更加偏好于适合整个家庭参与的活动。

事关特定族群团体的另一个问题是,文化组织或许被认为展现的是主流艺术,而且属于带有压迫性的族群团体。少数族群团体可能并不乐意赞美那些似乎会否定他们个性的艺术作品。因此,文化组织必须确保其产品是由非主流文化的个人所创作和展现。

家庭在度假时想要些什么?

文化组织知道度假的家庭会寻找各种活动打发时间,因此许多组织都会相应地以旅游者为目标。但是,这个细分市场有何需求呢?PGVA,一个专门从事文化和娱乐地点规划和设计的团队决定了解家庭通过旅游想得到些什么。合家聚会是首要目标,大约有66%的家庭声称这是他们度假的理由。因此,他们希望景点和活动能够让大人和孩子都感兴趣。人们的工作很辛苦,所以毫不奇怪的是,第二条重要理由是要选择有趣的地点和活动。

如果所有人,包括大人和孩子在内,都能在同一个地方找到乐趣,它就需要提供各种活动,所以活动的种类占据了人们所想要的质量的第三位。名单上的第四位是独特的体验。如果人们在家里就能参与某种活动,那就没有必要出门旅游了。

任何一种针对旅游者的生意都能为他们提供这四种东西。但是,第五种对合家聚会的期望是学习某些新的东西,这正是文化组织的优势所在。文化组织需要提供各种面向家庭的寓教于乐的独特活动。这属于一种挑战吗？是的！并且,只有文化组织能够有资格接受这种挑战。

PGVA(2012)

按地理学细分

按地理学细分是一种简便的市场细分方法。文化组织应该确定消费者为了参与文化活动而愿意旅行多长的距离。这方面的知识将决定在哪里、使用哪种社交媒体技术进行促销。因为不易吸引远方的客户,小型文化组织或许需要依靠当地的受众；但是其他就近的文化组织同样也能够提供相同的效益。然而,如果所提供的文化产品具有独特性且能吸引市场上某个特定的细分市场,那么细致而具有针对性的交流就可从那些地区吸引消费者。

另一方面,如果文化组织规模较大而且比较知名,那就不存在地域障碍。事实上,产品本身就能够成为吸引人们到本地来旅游的理由。诸如大英博物馆和纽约大都市歌剧院之类的"超级明星"组织就不仅具有当地的访客,而且还能吸引众多的国际游客。对于后者来说,这些组织都属于访问期间的"必看"项目(Murphy,1997)。

按心理学细分

开展文化受众分析时,虽然按人口学细分和按地理学细分都属于很好的起点,但专注于态度、价值观和生活方式的心理学细分却是文化组织更有力的分析工具。在分析现有和潜在的受众时,各种心理特征或许并不像人口学或地理学因素那样容易辨别,但前者却是促使消费者出席文化活动的真正动因(Walker-Kuhne,2005)。虽然消费者的感知和信念可能由他或她所处文化环境所塑造,受众同样也会受到个人天性的影响。参与大多数文化活动至少需要具备进行内省的素质和接受新理念的愿望。

按心理学细分法试图了解消费者的基本生活特性并据此进行分类。例如,文化组织可能会发现,可以将受众划分为年轻人和新潮者、年长者和保守者等不同的生活方式细分市场。

文化组织大多并不具备关于受众心理的信息,因为它们难以获取和进行分析。鉴于这些细分市场并非一目了然,为了发现促使各族群体的参与动因,文化组织必须关注各个群体并进行面谈。一旦获得了这些信息,就可将其用于设计针对相应细分市场的有效策略。

效益细分

出于各种因素,各个细分市场的成员所要求的效益也会有所不同,诸如与朋友交往、家庭欢聚或者是舒适和熟悉的文化等机会。许多人所寻求的效益是互动式的而不是被动的造访经历(French and Runyard,2011)。出于这种理由,对于许多文化组织来说,效益细分是一种对现行和潜在受众进行细分的简便方法。

使用率

文化组织还需要确定各细分市场受众消费其产品的频率。年轻人和新潮者或许偶尔会出席某种艺术活动,诸如交响音乐会,但却依然会频繁地观看现代舞表演;传统和保守者的消费方式则可能恰恰相反。为了孩子能够参与活动,年轻的家庭群体可能会经常参观博物馆,但却不会观赏那些严肃的戏剧。一旦了解参与频率,文化组织就可确定应该调配给针对各细分市场的营销资源量。

实施市场细分的过程

一些文化组织或许已经对于它们的现行受众不自觉地使用了目

标营销策略。然而,在目前这种充满竞争的环境中,若要增加受众,文化组织就必须把新的受众细分市场设为目标。因此,它们必须针对每个特定的目标细分市场设计不同的营销策略。即使是对于那些营利性公司而言,仰仗大规模营销的日子也已成过去。现在,不是运用单一的策略而试图吸引所有的客户,文化组织必须制定出专注于某一特殊群体的目标营销策略。

市场细分过程的第一步是,文化组织必须确定其现有客户们所在的各个细分市场。根据这种信息,就可确定应该如何把新的或潜在的细分市场作为目标受众。然后,文化组织必须发送促销信息,以便有效地与每一目标细分市场进行交流。

对于小型文化组织而言,市场细分尤其有用。因为它意味着需要跟踪较小的目标细分市场,而不是试图招揽所有人,可以认为这多少偏离了组织的宗旨。不尽如人意的是,文化组织必须面对的事实是,不能指望所有人都会对它们的产品感兴趣,所以不能把所有人都当作潜在的受众。此外,小型组织并不具备开展大规模营销活动的资源,而市场细分则使得它们能够节省时间和精力,或许甚至能够通过集中使用资源而确保组织的生存。

孩子们喜爱自己能够把握的戏剧,就像电子游戏那样

就像能够凭借手动控制器操纵他们喜爱的影视游戏那样,孩子们确实也能够主导《逃离危情岛》(*Escape from Peligro Island*)戏剧的制作。该剧中的外星人、吸血鬼和超人等主角都为孩子所熟悉,而且可以有24种不同的结局。在制作过程中,观众可以决定剧情。演出进行到某一时刻将会暂停,舞台后面的显示屏幕上将展示一个问题,受众可以决定是"拯救时光机器"还是"与巨型乌贼作战"。各种回应所占比重都会显示在屏幕上,演员们将根据观众的选择继续后面的表演。那些玩过这种视频游戏的孩子立刻就会明白剧情并且看得津津有味,因为正是他们决定了演出的内容。

悉尼歌剧院(Sydney Opera House,2012)

目标细分市场的定义

由于市场细分有许多方法,在对现行或潜在受众进行细分时,文化组织或许会感到茫然。然而,分析和细分过程有助于文化组织通过考虑服务对象而考虑服务方式,以及所希望的未来服务对象。

根据传统的营销理论,细分过程的第一步是考察消费者或者产品。公司或许首先想要分析现有的消费市场,然后再开发能够满足某个细分市场需求的产品;或者,它可以立足于现有产品,努力寻找需要这种产品所具效益的细分市场。

文化组织也可以首先确定目标消费者细分市场,然后再提供该细分市场所需要的各种效益。但是,由于认为不应为了迎合公众的趣味而更改自己的文化产品,文化组织通常并不采用这种方法。它们通常运用的是市场细分过程,以便找到现有产品所能取悦的消费者细分市场。

然而,文化组织可以首先以某个消费者细分市场为目标,根据可以取悦于它的方式设计文化产品,而这并不会有悖于其宗旨。例如,它可以展示现有艺术的某种专门形式,从而既符合宗旨,又可吸引新的目标细分市场。

无论最初的关注点是什么,产品抑或消费者,文化组织都必须确保目标细分市场能够具备凸显自身的鲜明特色。例如,文化组织或许决定专注于提供为年轻消费者所需要的各种效益,各种从属细分市场,诸如受过良好教育者、中上层单身者和出身于受教育较少的中下层家庭者,市场细分就会更加有效。再者,年轻消费者或许来自于主流族群或者少数族群。年轻人具备的唯一共同特征只在于年龄,而这一点并不足以能够有效地把他们作为单一的细分市场对待。对文化组织而言,年轻人追求的效益过于多样化,故而难以满足他们的所有需要。

设计营销信息

　　文化组织通常带有一定的封闭性，或许是因为其工作者都有着一些超脱日常生活的相似见解。处在这种封闭状态，它面临的一种危险是，过分关注文化产品的意义，但却忘记了其产品并非大多数人的首选对象。由于文化组织认为所有人都应该对其产品感兴趣，所以会逐渐以为所有人确实都会对其产品感兴趣。由此产生的结果是，文化组织试图把所有的事情告知所有的人，而不是把特定的信息传递给特定的群体。

　　文化组织可以把同样的营销信息传播给所有人，就像面对的只是一个没有差别的细分市场那样行事；或者，它可以将每个人都视为是完全不同的个体，而这又会使得营销信息的设计变得极度困难。这样两种方法都难以奏效，因为虽然人各有不同，但某些人却具备一些相似的特性。专注于这些相似特性，文化组织就能制作有助于增加吸引这种消费者细分市场之机会的产品信息。

　　若能把各条产品信息发送给某个特定的细分市场，文化组织就能更有效地实施交流。这个细分市场的所有成员未必具备相同的群体特征，但是他们的相似之处是，大家都觉得需要由文化组织所提供的某种效益。一旦文化组织确定了目标细分市场，就可制定直接与这个细分市场进行交流的信息。

　　然而，在根据一种或多种因素对受众实施市场细分后，文化组织时常会错误地仅仅就凭借这一点来调整其营销信息。它们或许会印发广告小册子或设计传媒材料的类型、版面和版本，以求能够打动新的细分市场。这是一种可行的方式，但是市场细分法却在更加基本的意义上最为适用，即正确地将文化产品与受众进行匹配。

　　目前，大家都时常面对着巨量的交流、信息和广告，对文化组织来说,唯有把产品信息专门传递给最能为之所动的特定细分市场之举才有意义。一旦确定了目标细分市场希望获得哪些产品效益,文化组织就可建立能够吸引该细分市场的交流方式和信息。然而,信息必须准确地反映产品。通过发布有关提供同龄人相互交往机会的信息,文化组织可以吸引年轻人。但是,如果在参与后未能获得所期待的效益,他们就会对文化组织的信息产生怀疑,进而不再问津。

如何知道孩子是否快乐?

每个孩子都是独特的,但是也可根据他们的年龄进行细分。下面是关于如何吸引不同年龄的孩子参与文化活动的一些建议:

触觉和敏感性(1~4岁)。对于这些年龄最小的孩子们来说,触摸各种纤维可以吸引他们的注意力。随着孩子说话能力的发展,他们会喜欢听故事。

自己动手的年龄(4~7岁)[①]。处在这个年龄段,孩子逐渐知道了现实世界是多么有趣和可爱!他们现在喜欢思考那些来自其他地方和时代的人,而互动对于吸引他们的参与来说非常重要。

认同问题(8~11岁)。这个年龄群的孩子喜欢询问关于各种现象的问题,以便自己今后能够向父母加以解释。处在这个年龄段,男孩仍然喜爱互动式体验,而女孩的兴趣则会降低。

兴奋的年龄(12~17岁)。作为年轻人,他们现在渴望的是挑战、冒险和激情,并且追求真实性,带有刺激性传说的历史景点则可同时满足他们对于真实性和激情的渴望。

PGVA(2012)

文化营销历来被描述为一个为艺术寻找受众的过程,而更恰当的说法则是,它所要做的是确定哪个细分市场会对文化产品感兴趣,然后再确定,如何借助具有针对性的营销消息和恰当包装激励他们参与

---

① 此处原文为"DIY",即"Do It Yourself"的缩略词。——译者注

艺术活动。

为了成功地实现这一目标，文化组织应该拓宽营销的含义，包括对现行和潜在受众实施细分，研究和确定每一细分市场的需要和愿望，制定能够激励各细分市场成员参与的促销策略。这种研究可以简单到只是收集售票处的数据(Wallace,2010)。此外，若要在产品设计时添加该细分市场所需要的效益，文化组织还需要其内部包括艺术部门在内的各部门合作。整个组织都必须对筹办能为消费者提供效益的艺术活动做出贡献。

作为细分市场的游客

旅游机会和传媒技术的增长为增进人们了解全球文化做出了贡献。除了自己的艺术和音乐之外，现在的消费者们也很熟悉其他许多国家的艺术和音乐。自然而然地，他们会想要造访文化组织，了解自己在旅游时将会遇到的那些艺术形式。历史遗迹和博物馆，以及剧院和其他艺术表演地点，都是游客造访各大都市区域的缘由所在(Hughes,1997)。

由于政府削减了对其经营费用的资助，文化组织将愈发注重吸引文化游客的造访。以游客为目标是它们获得额外收益的一种途径，而且依然不负宗旨。此外，文化组织也会愈发将那些较大的游客服务社群社区作为创造收益和就业机会之道(Broadway,1997)。许多政府机构都已认识到文化组织对经济增长的正面影响，并且开始同文化和旅游机构合作实施促销。事实上，除了促销艺术作品之外，举办音乐节或者重要展览的主要缘由之一就在于吸引游客们的光临。

因为能够创造就业和收益，文化组织还能够获得所在社区内商界的支持。通过振兴当地萧条的经济，文化游客们有益于整个社区，甚至改善社区的形象。如果各文化组织能在吸引文化游客方面进行合作,它们就会被外界看作整个社区的一个有机部分。

把游客作为目标的理由

除了着力增加受众,文化组织还应根据通常的缘由向游客开展营销,那就是向外人展示其艺术形式。再者,文化组织还可以为游客提供他们在当地无法获得的文化机会。对于各种文化组织有时所标榜的所谓"等级",游客们的感触大多没有那样强烈,故在旅程中更有可能光顾博物馆或音乐厅,就像访问某个公共场所和观看电影一样(Kennedy,2009)。

一种理想的情形是,游客的目的在于了解异域及其文化,但在现实中,大多数游客则只是为了娱乐。因此,文化游客所想体验的是既刺激又值得记忆的经历,以便回家后能够与朋友和家人进行分享。即便如此,只要具有欣赏价值,文化游客同样也会对那些有助于他们了解所经历事物的教育项目感兴趣。由于行程通常比较紧凑,游客们在各处所能逗留的时间都很有限。因此,对文化组织来说,如何在很短的时间内为游客们提供某种值得花费时间的经历无疑是另一种挑战。

游客们通常是抱着必须一游的心态去参观文化场所,即他们知道有些去处属于非去不可的,因而会造访由旅游指南所列出的、网上搜及的、亲戚朋友在假日曾经造访过的历史景点、博物馆和艺术表演。例如,在伦敦必须参观大英博物馆,而在纽约则必须参观大都市艺术博物馆。由于认为它们属于计划中的度假经历的一部分,文化游客感到有必要参观这些文化场所。如果文化组织能够成功地向这些游客展示新鲜的文化体验,他们也会把这些新的感受带回家中。

以游客为目标所面临的问题

努力接近另一个对其艺术形式感兴趣的目标细分市场,这种想法虽然很有吸引力,但文化组织必须仔细考虑是否需要向游客开展促销

(Boniface,1995)。如果认为潜在的游客细分市场预期效益与其宗旨冲突较大,文化组织或许就不乐意向游客们进行营销。例如,如果组织的首要目标是帮助游客了解某种相当晦涩或高深的艺术形式,而游客的首要目标是欣赏阳光和海浪,那就难以营造一种既能令游客满意又能履行文化组织宗旨的活动。

不对游客市场实施促销的另一个缘由是,某类文化活动的意义仅限于所在的国家。如果出现这种情形,由于文化的独特性,它将难以打动和吸引游客。第三个负面因素是,如果着眼于满足游客的需要,文化组织或许就无法履行其服务于现有当地市场的责任。

游客可以付费!

博物馆是否应该收费?这一问题受到它所在地区的影响。大都市里的博物馆通常会收费,而那些地处小镇的博物馆则通常是免费的。在美国,几乎有一半的博物馆是免费的,但其中许多仍会针对一些特别的展览而收费。这些免费的博物馆从门票收益中产生的经营性支出不到1%。另一方面,需要入场券的博物馆从门票销售中得到的总预算比重只有9.5%。那么,为何不对所有的人收费呢?博物馆收费或许是因为能够如此行事。在较大的城市中,参观博物馆的需求量较大,尤其是来自游客的需求。事实上,纽约市的"现代艺术博物馆"(MoMA)可以通过门票收入获得1亿美元预算额的20%。另一方面,洛杉矶县艺术博物馆,由于当地游客主要意在海滩和好莱坞,却只能从门票收入中获得5%的预算。

对文化游客市场的细分

当然,"文化游客"是一个相当广泛而不易把握的类型,因此需将其这一市场进一步划分为最有可能被文化活动所吸引的年龄组和心理组。

能够被文化所吸引的游客细分市场还包括了年长者。这些人天性乐意青睐于文化，并且出于对文化组织的感受或许还在当地赞助文化组织。另一个对于文化组织感兴趣的是年轻的游客。在异国旅游时，他们可能会把参与某类文化活动视为一种新奇的体验；而在国内则不会出席这类活动，因为觉得缺乏刺激性。正是因为这一点，若能向年轻人展现一些他们原本可能不会问津的文化活动，文化旅游是一条绝妙的途径。

根据不同游客想要获得的效益，还可以对这个市场做进一步的细分(Boniface,1995)。某些文化游客追求的是某种逃避感，希望能够获得某种不同凡响的经历。其他游客则希望访问那些能够获得某种身份感的人文景点，希望获得某种别处难寻的独特体验，为的是返家之后能够有所炫耀。

此外，还存在着一些由特殊游客构成的较小市场。他们中的一些是为了满足宗教或精神需要而旅游，试图把那些景点同自己的价值理念相联系，诸如英国的威斯特敏斯特大教堂和史前巨石阵。对于那些并无这种精神需要的游客，参观庙宇或教堂则可为他们提供了解信仰价值的机会，因为这些信仰对于他人来说非常重要(Stausberg,2011)。其他特殊的文化游客则具有研究或者接受教育的特殊目的。这些游客通常是学生、教授或者业余爱好者，获取知识才是他们文化旅游的最重要意义。

游客和营销消息

就营销消息而言，向游客细分市场宣传的某些效益将与其他细分市场相同。但是，文化游客确实对于文化组织所提供的内容还有更多的要求。因为不了解该国的文化，除了文化产品，他们还想获得关于艺术形式的历史和意义的更多信息。文化游客所具备的观念和知识不同于当地居民,因此需要有助于他们了解、欣赏所见事物的更多信息。

因为他们是游客,文化组织尤其应确保他们在观光点有宾至如归之感。游客细分市场为文化组织提供了绝佳的机会,可以吸引人们体验那些在当地并不热衷的新型活动。游客在当地或许不会造访文化组织,但在旅途中却可能乐意做这种尝试。

若是为了造访文化组织而需要长途旅行,游客尤其需要得到与预期相符的经历。在展现给他们的文化产品中,文化组织必须提供某种保障。这类活动必须在时间上保持一致,使游客能够获得与曾经造访过的朋友们相似的感受。这一点并不意味着产品必须完全雷同,而是在于保持他们所期待的类型不变。

鉴于文化游客不了解旅游环境,同样重要的是,所有的营销和传媒消息都能够提供这种信息,包括如何搭乘公共交通工具到参访地点等。如果文化组织的地理位置比较偏僻,文化游客还需要阐明有关安全问题的信息。再者,因为他们是需要放松的游客,所以需要有关就近购物和用餐的信息。

总　结

使用市场细分,文化组织可以增加其受众,或可以找到所要招徕的新细分市场。文化组织可以根据各种人口学特征对受众进行细分,诸如年龄、婚姻状况、收入和族群背景。它们还可以根据现有或潜在受众的居住地对他们按地理学细分。按人口学或地理学细分并不难以理解,而心理特征,诸如态度、价值观和生活方式也是一种有用的受众市场细分法。另一种市场细分方式是根据效益进行,即根据产品所提供的效益对受众进行细分。以参与频率为基础,还可以运用使用率对受众细分。对文化组织来说,重要的在于理解人口学、地理学、心理学、效益和用途等市场细分法,再加上文化游客细分市场的独特需求。

参考文献

Arts Council of England. 2011. *Arts Audiences Insights 2011*. March 16. http://www.artscouncil.org.uk/publication_archive/arts-audiences-insight-2011/.
Bauman, Chad M. 2011. "Who are Your Best Customers (and why many don't know)?" *Arts Marketing*. December 15.
Boniface, Patricia. 1995. *Managing Quality Cultural Tourism*. London: Routledge.
Broadway, Michael J. 1997. "Urban Tourism Development in the Modern Canadian City: A Review." *Quality Management in Urban Tourism*. Hoboken, New Jersey: John Wiley & Sons.
French, Ylva, and Sue Runyard. 2011. *Marketing and Public Relations for Museums, Galleries and Cultural Attractions*. London: Rutledge.
Hughes, H. L. 1997. "Urban Tourism and the Performing Arts." *Quality Management in Urban Tourism*. Hoboken, New Jersey: John Wiley & Sons.
Kanter, Beth, and Allison H. Fine. 2010. *The Networked Nonprofit: Connecting with Social Media to Drive Change*. San Francisco: Jossey-Bass.
Kennedy, Dennis. 2009. *The Spectator and the Spectacle: Audiences in Modernity and Postmodernity*. Cambridge: Cambridge University Press.
Murphy, Peter E. 1997. *Quality Management in Urban Tourism*. Hoboken, New Jersey: John Wiley & Sons.
PGVA. 2012. "The Art of the Family Vacation: What They Want, How They Plan, Why They Go." *Destinology*. July.
Radbourne, Jennifer, and Fraser, Margaret 1996. *Arts Management: A Practical Guide*. Sydney: Allen and Unwin.
Stausberg, Michael. 2011. *Religion and Tourism: Crossroads, Destinations and Encounters*. London: Routledge.
Stoilas, Helen, and Charlotte Burns. 2011. "To Charge or not to Charge." *Museums*. September
Sydney Opera House. 2012. "Escape from Peligro Island." March 8. http://www.sydneyoperahouse.com/About/12EventMediaRelease_EscapeFromPeligroIsland.aspx.
Verdino, Greg. 2010. *Micromarketing: Get Big Results by Thinking and Acting Small*. New York: McGraw Hill.
Walker-Kuhne, Donna. 2005. *Invitation to the Party: Building Bridges to the Arts, Culture and Community*. New York: Theatre Communications Group.
Wallace, Margot A. 2010. *Consumer Research for Museum Marketers: Audience Insights Money Can't Buy*. Lanham, Maryland: AltaMira Press.

第 7 章 消费者研究

营销的理念要求文化组织必须仔细了解消费者的需要和愿望,而如此行事的唯一途径就是开展相关的研究。大多数文化组织都已如此行事,也就是借助于测算出席率来确定参与者的身份和人数。令人遗憾的是,它们大多尚未探讨受众参与的原因以及希望得到的效益。原因或许是,文化组织的管理者通常认为受众的参与都是基于相同的动因。此点显然难以成立!文化组织工作者对于艺术形式具备某种超越了大多数人的激情。基于这种激情,文化组织可能会反对实施市场调研,自认为已经知道了受众的需要,而把研究看成是一种浪费时间和资源的徒劳之举。

在现实中,对于文化组织来说,了解受众参与的动因是至关重要的。研究的范围无须很广,但却需要付出努力。文化组织首先需要了解各种研究方法和类型,需要了解研究过程,以及使用不同的研究工具。如果具备这些知识,即便是预算有限的小型文化组织也能成功地进行研究。

各种类型的研究

除了考察谁参与了文化活动的基本性群体研究,文化组织应该考虑其他一些类型的研究。文化组织很少开展竞争者研究,但它却能为组织提供如何获得陶冶情操的宝贵信息。文化组织应该分析受众对于竞争者的感受,并且考察竞争者。此类研究可以帮助文化组织确定是否应该增加服务项目或者设计、制作竞争性产品。

研究的类型和目的

类型	目的	所研究的问题
受众	针对现有受众的竞争	谁是我们的受众?
竞争者	受众对于竞争者的感受	他们还会参与哪些活动?
动因	参与活动的缘由	他们为何参与?
满足感	文化活动满足预期的程度	我们有哪些不足?
产品	产品的升级	产品能否提供相关效益?
促销	选择定价水平	他们愿意支付多少?
政策	对艺术的态度	谁是外来支持者?

动因研究意在考察消费者为何参与文化活动。这项工作对于增加受众的深度和广度实属至关重要;而对于满足感的研究则是在产品消费之后进行,意在考察消费者的感受是否达到了预期。借助于动因研究和满足感研究所收集的信息,文化组织无疑可以了解它是否能够或者如何更好地满足消费者的期望。文化组织同样还需要在内部对产品做常规的审核,考察是否还有予以进一步提高的可能性。

另一类至关重要的研究是促销研究。它旨在考察文化组织是否已将消息传递给了目标受众,以及通过宣传各种预期效益,这种消息能否有效地激励受众。开展定价研究则是为了考察受众对于价格制定的恰当性和竞争性的看法。

鉴于文化组织需要依靠政府机构的资助,所以对政府的艺术支持政策的变化非常敏感。然而,鉴于文化组织现在同样需要依靠商界的支持,所以也需要了解商界馈赠方式的变化。出于这些理由,文化组织需要开展政策研究,以便把握对于文化支持态度的变化。

研究有何好处？

这里提出一些大致的想法：
- 更多地了解组织、竞争者、环境和受众。
- 了解近期文化组织成功和失败的缘由。
- 降低决策风险和浪费。
- 把握受众需求和偏好的变化，更加准确地自行定位。

陈科汀(Chen-Courtin,1998)

开展市场调研

文化组织所进行的研究大多缺乏恰当的计划，而一个设计周全的研究过程应包括下列六个步骤。

研究过程

1. 确定所要研究的问题。
   想要了解什么？
2. 确定信息来源。
   需要什么信息？
3. 确定研究方法。
   使用哪类方法？
4. 确定研究事宜。
   在何处、何时以及如何进行研究？
5. 开展研究。
   它需要多长时间？
6. 分析和报告研究的结论。
   它的含义是什么？

只有在完成第一步之后，即确定了所要研究的问题，文化组织才应真正着手进行研究。因为急于获得问题的答案，文化组织可能会在确定自己真正想要了解什么之前就开始研究。因此，它们可能会提出过多的问题，并且企图从过多的来源那里收集过多的信息。为了提高工作效率，研究项目的设计必须周全而又具备针对性。如果所研究的问题过于宽泛，就会导致信息过多，由此产生的大量数据将难以分析，对于组织也就没有多少用处。一种更加糟糕的情况是，假如所提出的问题不当，组织的研究努力就会付诸东流。

类似地，文化组织需要慎重考虑可得信息的来源。把那些来自不同出处的信息归于二手或者备用的现成数据，而最重要的信息则需要文化组织自己去收集。

二手资料研究

二手资料指的是出自于那些已完成研究的信息。文化组织首先应该进行二手研究，以便获得所有现成的信息来源。二手数据的来源包括组织已经拥有的内部数据，或许存在于消费者数据库之中。即便只是分析门票销售数据，也会有助于发现能够吸引更多受众的活动和日期。

中场休息期间做些什么？开展研究！

为何不在每一次艺术活动期间开展观察性研究呢？围绕下列问题，我们不妨花上 10 分钟时间观察一下自己的受众：

- 我们发现了谁？单身者、家庭还是团队？
- 他们是否阅读过我们的广告材料？
- 他们是否留意过墙上的艺术作品？
- 他们是否议论过艺术或者其他问题？
- 他们是否会去酒吧？

- 上厕所是否需要排队？

在此之后，同受众聊天，也就是进行一些非正式对话。就下列问题咨询各类人员：

- 您是如何知道这次活动的？
- 您今天为何会光临？
- 相比其他的演出，您觉得这次演出怎么样？
- 您还出席哪些活动？

在一些活动期间和不同的日场/夜场中，观察和询问上述问题，看看回答是否有所不同。

连续考察这些问题，我们就能得到关于自己受众的独特内部信息。

ArtsMarketing（2004）

其他信息来源包括过去完成而发表的调查报告，这些可从政府、艺术委员会官员或者公共图书馆获得，而且现在大多已可从互联网上获得。如果具备充足的资金，还可从营利性的研究公司那里购买信息，而后者的业务就是收集信息。

某些需要了解的问题也许已被他人提出过，政策方面的问题尤其如此。有关各种艺术形式的受众群体数据同样也已经可以获得。即使这些信息并不是专门针对文化组织的，它们一样也可用于比较分析。

一手资料研究

一手资料研究包括在群体中提取、收集定性和定量数据，通常采用针对特定群体的调查法或其他方法。除了直接询问消费者之外，还有一些方法也可用于收集第一手数据；譬如，文化组织可以直接观察受众，了解他们如何欣赏作品以及可能遇到的困难。这种现场观察能够提供大量的数据，帮助文化组织改进作品或服务，增加各种效益。

文化组织也可预先做出一些小规模改动,观察它们对于消费者有何影响。

接下来的步骤就是选择研究方法。知道如何运用信息,无疑有助于文化组织恰当地设计研究项目。如果文化组织想要使得政府官员了解受众的规模和多样化,恰当之举就是进行简单的群体调查。另一方面,如果组织想要确定受众数目减少的原因,那就需要获得简单调查无法企及的更深层信息,而这些可以通过专注于不同群体和面谈而得到。

选定研究方法后,文化组织必须对研究项目进行规划,包括何时、何处以及针对谁进行研究等细节。规划越是详细,研究的进展就会越顺利。个中细节应该包括,为那些负责确保调查对象组的成员能够参与,需要印制多少份调查问答卷。

最后,文化组织就可进行研究了。一旦完成此事,最后的工作就是分析所获得的数据和报告。分析工作需要全面考察所收集的各种反应,以便把握个中的共同基调、趋势和关联性。

居住地点决定了行为

鉴于88%的表演艺术组织设在城市中,所以毋庸惊讶的是,市民们更有可能光临文化场所。因为在美国有30%的非营利艺术组织是以十大都市为家,生活在大都市地区的人们愈加可能出席。那么,这是否意味着那些生活在小城镇和乡村的人们就无法接触到艺术活动呢?

绝非如此!它只是意味着,那些人会在不同类型的地点欣赏音乐、戏剧和舞蹈。乡村居民们或许更多地在教堂或者学校欣赏这些形式的艺术,甚至更有可能参与创作性的活动。例如,他们更有可能参与合唱队,从事编织艺术,诸如缝制和编织花纹等活动。

美国国家艺术基金会(2010)

研究的问题

确定"文化组织需要了解些什么"这一问题看似非常容易,但其实很困难且耗时甚长(Richards and Morse,2013)。若问题设计不当,所有的研究努力就将变得毫无意义。在设计所研究的问题,应记取下列几点:

- 我们需要了解哪些未知的事情?或者,需要询问些什么?
- 哪种研究方法最为适用?或者说,如何提问?
- 在何处与何时可以获得信息?或者,能否提出这种问题?

文化组织大多首先想要了解的是"谁已经是我们的受众",或许还想了解受众参与的原因,以及他们还会参与其他哪些活动。这些知识可以让文化组织知道哪些效益激励了受众,存在着哪些竞争者,以便能够评估竞争者们所提供的效益。

了解这些问题虽有意义并可提供重要信息,但却无法告诉文化组织应该如何吸引那些尚未问津的消费者群体。为此,文化组织还需要研究哪些活动才能吸引他们,若有可能,甚至能够吸引竞争者。鉴于这些消费者目前还不在受众群体之列,故在开展研究之前就需能够找到他们。显然,这一点要比研究现有的受众远为困难,但却完全能够实现。文化组织或许还需要求助于专业性的市场研究者,但若没有充足的资金聘请专业研究者,也可自行开展小规模的研究。文化组织需要确定这些未参与者经常会去的地方,然后到那里去开展调查。这类地方可能包括俱乐部/协会、社群或者大学。

为何应该获得赞助?为何不向公众开口?

一项名为"链接10"(Connect 10)的调查项目曾向各文化组织、历史景点征询有关如何设立艺术项目的创意。文化组织列出的参选资格条件是，必须拥有适合1~10位艺术家的原创性艺术项目，同时不能违背自己的宗旨。开展这一调查项目的意图是，让那些无力支付世界级艺术大师所需费用的文化组织也能够达到这种天才级水平，使得受众们能够欣赏到那些组织无法获得的原创作品。在递交的200多个想法中，有28个组织中选，然后它们交付公众进行表决。

这一调查项目总共收到了2.1万张选票。中奖的创意包括采用55 000吨的绿色荧光果冻进行装饰、动物标本展览和摄影师的图片说明，从而展现了英国民众广泛的兴趣。

英国艺术委员会（2012）

研究的分类

一旦确定了所要研究的问题，文化组织就需要选择某种研究方法。为此，它首先必须根据所要研究的问题确定研究的性质，包括描述性研究抑或探索性研究。这一决定将帮助它确定正确的方法。

描述性研究

若要获得关于受众的某些特定数据，文化组织需要开展描述性研究。从事这类研究是为了把握事实，而所用方法则几乎全是调查法。这些方法又被称作定量研究，因为它们所收集的是统计数据。定量研究几乎只有"完全调查"一种方法，也就是考察调查对象如何回答预设的问题，而回复则包括"是""不是""经常"或者"从不"几项。这种定量研究可以显示出，诸如37%的受众年龄超过了42岁，或者42%的受众平均每年会出席两次等。这种研究法的优点是，如果受调查人数或者样本分布与总的群体相比足够大，那就可以认为受众的回复具有意义。

文化组织面临的困难是，实施调查的成本较高且耗时较长。若想要"验证"某件事情,诸如年长受众的百分比,文化组织就必须调查足够数目的对象。唯有如此,才能确保调查样本具有统计意义,而此举无疑需要耗费很大的财力和人力资源。

虽然存在着这些困难,许多文化组织依然大多依赖于调查法,因为这是它们考察市场的唯一方式。这一点确实有些不利,因为调查法所能提供的信息有限。在得到针对传统调查法的回应方面,难度也是日益加大。由于现在大家的时间节奏都很急促,所以不易了解人们的直接反应,诸如借助于电话、邮件或者电子邮件等。若在文化活动场所的座位旁或者出入口进行调查,没有多少受众会乐意拨冗填写问卷。再者,在互联网上开展的调查也只能获得那些上网者的回应,这就有可能导致回应带有某种偏向。

在实施调查时,最有可能做出回应的是那些乐于表达己见者,因为他们对文化组织已经产生了感情。但是,文化组织尤其需要向那些偶尔参与者进行咨询,而这些人完成调查问卷填写的可能性却最小。

他们能够坚持参与多久?

关于参与以及消费意愿,人们议论甚多。但是,"参与"的含义究竟是什么呢?不妨以某桩神秘谋杀案为例,围绕着它的戏剧创作无疑也能为其他文化组织提供构思自创独特节目的模式。出席晚宴剧场的受众有五个层次,他们是:

1. 简单交往,相互之间或者同演员们进行交谈。
2. 向演员们提问。
3. 参与跳舞或者唱歌。
4. 在戏剧中扮演小角色。
5. 参与演员阵容。

文化组织试图了解受众们所选择的参与程度。在他们当中,只有18%的人仅仅只想将互动局限于简单交往,而52%的受众则希望能从演员那里了解得更多，另外还有20%则希望能够走上舞台。由此获得的教益是，文化组织应该针对各种参与程度的受众构思其活动。

探索性研究

如果所研究的问题事关情感、价值观或者动因，文化组织就应开展探索性研究。如果没有特定的调查课题，或者只是想要了解那些应该了解的受众动态，文化组织就应该开展这种探索性研究。

此类研究属于定性研究。与定量研究有所不同的是，它旨在让研究对象提供答案。并非为了了解事实，其问题将专注于需要、愿望、偏好和价值观。由于可能得到的回答各有不同，所以无法进行统计分析。然而，若在需要得到的信息内容以及获取途径方面做出周全的设计，定性研究就能为文化组织提供宝贵的信息。定性研究可能会相当复杂、耗时甚长而且困难重重，或者只能具备较小的规模。无论如何，由此得到的信息将是详尽而带有启发性的，它们将有助于文化组织为了满足受众的愿望而对产品进行调整。

如前所述，更加困难的是，从那些偶尔或者根本就不参与者那里获得信息，而定性研究却在此时可以发挥作用。它的研究对象不是为了提取统计样本所需要的无差异大众，而是文化组织想要获取信息的某些特定受众群体。

研究目的和用途

研究	用途举例	方法
描述性：在需要细节和数字时采用	研究受众的构成或出席频率	调查或路遇调查
探索性：在探究动因和行为时采用	研究参与缘由和对于组织的态度	关注群体、可以体现主观意向的技术、观察

实施定性研究时，着重点不在于样本的大小，而在于所提问题的质量以及对所得信息的分析。例如，如果询问他们为何出席，即使每

个人的回答相异,但总会显现出某种共同的基调。通过分析这种信息,可对各种回应进行分组,以便发现和了解这种基调。定性研究的一个优点是,它同样也能以低成本的方式而为较小规模的文化组织所采用。

研究的方法

一旦确定了所要研究的问题及其类型,下一步就是选择研究方法,包括在定量的描述性研究中使用的调查法在内。开展探索性研究还有更多的方法,它们大多属于定性者,包括重点群体(focus group)、投射技术(projective techniques)和直接观察。

传统调查法

传统调查项目的构建分为三个步骤。文化组织首先必须确定需要了解哪些事情,然后确定需要咨询的各类问题,最后则是如何分析获得的信息。由于不易促使人们完成调查问卷的填写,重要的是调查必须简短而便于完成。因此,如果可能的话,在确定所需咨询的事宜时,应该把各个问题设计为单一形式的。当然,大多数调查同样还询问一些群体的信息,诸如年龄、受教育程度、职业和/或收入水平。然而,所提出的主要问题应该事关一个议题,诸如喜欢哪种类型的节目或者出席的频率。对于文化组织来说,重要的是能够涵盖一系列问题。然而,除非调查对象乐于做出回应,这种调查或许难以完成。

传统调查时所提问题的样本

在下面各项中,哪些是你出席博物馆首个周六活动的原因?(请尽量列出所有适用项。)

——在这里能与人们更融洽地相处。

——想要欣赏唱诗班的合唱。

——为了吃喝。

——或许能够结识一些新朋友。

——想要更多地了解艺术。

——朋友或家庭希望我到此一游。

——包括饮食和交通在内的花费并不太大。

——想要参加舞会。

为了提高顺利完成调查的可能性,还可以考虑提供某种激励,诸如,参与一场竞赛,赠送一份小礼品或者是把参与者的座位调换到票价更高的"雅座"。此外,相比那些看似乏味的调查,赏心悦目而精心设计的调查也能获得更多的回应。

一旦列出了问题,下一步就是设计答案。在设计时,应该涵盖大多数可能遇到的回应。这一步可通过设计一些只需填写"是/不是"或者"经常/从不"之类简单回应的问题而完成。可以将诸如"你出席的动因是什么"之类问题放在某些建议性答案之前,但是却会造成回应仅仅限于那些选项。这正是调查法(对于关注动因的探索性研究来说)并非最佳选项的原因所在。

在设计出所提出的问题及其答案后,需要将它们在一些抽样的参照者中进行检验,确保他们能够正确地解读问题。在设计调查项目时,重要的是需要采用人们的日常语言。确保这一点的唯一方式是,通过检验来判断人们能否正确地理解所提出的问题。如果某一目标群体的母语同调查所用语言不同,那就更应该进行检验。当然,检验也可运用多种语言进行。

最后一个步骤是确定把数据输入表格的方式。对于较大的研究项目,或许有必要求取更多的技术性支持,确保所有的回应都能被输入到计算机数据库之中;对于那些参与者数目不大的小型调查,则对回应实施技术含量较低的计数即可;网上调查获得的回应则会自动地生成一份表格。

网上调查法

现在，借助软件工具在网上实施调查的做法已变得越发流行，其缘由有几个。一个是因为传统的调查研究难以激发人们的参与感。不同于电话或者当面调查，网上调查可以在参与者觉得方便的时间和地点完成。此外，不同于邮寄方式，在此，完整的调查表格可以自动返回。网上管理可通过电子邮件、互联网、局域网和移动电话而进行。决定网上格式的标准包括，抽样群体和实施调查的组织之特征（Ritter，2012）。如果所需调查群体的地域分布较广，网上操作的效果最佳。然而，如果群体无法接触这种技术，那就必须使用其他方法。文化组织必须具备懂得软件的人员。

再者，使用电子表格还具有设计方面的优势。采用这种形式，将没有如何尽量减少问卷页数的顾虑。参与者一次只会看到一个或两个问题，因此不会被问卷的长度所吓倒。借助于这种罗列形式，可以运用较大的版面和更多的空间。

网上调查时无须制作表格，因为电子表格能够自动进行计算而无须另外输入数据。此外，提问的次序也可自动调整，即根据所回答的前一个问题，需要回答的下一个问题将会自动显现。例如，采用电子表格，如果参与者对于他们如何来到活动场所之问题的回答是"驾车"，下一个自动显示的就是关于停车是否困难的问题。如果回答不是"驾车"，下一个问题就不会涉及停车事宜。

采用电子表格调查形式的另一个好处是，能够针对各种回答采用自上而下的各个方框。如果采用文字形式，研究者通常会限制针对某一个问题的答案数目。采用从上到下的方框，参与者可以使用光标拉动答案菜单，做出选择和回答各个问题。

所要调查的问题大多会要求参与者对产品或者预期效益进行排

序。实施纸面调查时,选项的次序也与此相同。就比较靠前的回答而言,可能会出现某种偏向。因为提出的问题或许不易作答,受众没有读完就将其放弃。但是,采用网上调查法,则可随机地编排提问次序,进而消除这种偏向。

若在网上得见,他们还会光临吗?

众所周知,现在,欣赏艺术作品未必还需要身临其境,因为各种传媒技术已经为人们提供了诸多捷径。通过电视机、计算机、平板电脑和手机,人们就可以参观博物馆、欣赏舞蹈和倾听音乐会。那么,这是否意味着人们不再愿意亲历文化活动呢?绝非如此,事实恰好相反!如果能够在网上了解艺术作品,人们就愈加可能亲身参与。有多少人会通过社交媒体体验艺术作品呢?平均而论,在一年之内有一半以上的美国人如此行事,其中的37%将会出席各种重大的艺术活动。那么,他们做些什么呢?

- 观看艺术节目
- 网上欣赏视觉艺术
- 聆听怀旧音乐
- 观看舞蹈表演

文化组织应该注意的是,网络电子参与方式并不能够取代受众们的身历其境。事实上,通过传媒技术而参与的人数是未能如此行事者的两倍。因此,无须担心的是,通过传媒的了解只会鼓励人们的参与。

(NEA,2009)

当面调查法

传统的调查项目大多由一些多项选择式的问题所构成。如此行事是为了能够计算人们所做出的回答,便于把它们表示成某个百分数或者其他统计指标。在设计调查问卷时,也可采用开放式的问题,让人们运用自己的话语做答。这些调查需要做答者花费更多的时间。因此,如果这类调查采取电子邮件或场内咨询方式,通常只能得到很低的回应率。但是,如果请求每位受众者参与其中而填写调查表,则可实施开放式问题的调查。由于这种方式将会限制所能完成调查的数目,因而只应在需要有关某个特定受众群体的信息时方才使用。当面调查的另一个好处是,文化组织能够从通常不会做出回应的某个特定群体那里获得信息。

文化组织可在受众休息时邀请他们参与当面调查,或者根据某类群体特征进行选择,诸如年龄或族群。在向他们解释了调查的目的和重要性之后,调查项目组织者会把调查结果显示在一张剪贴板上,让参与者了解自己所处的位置,同时记录调查的进程;或者,调查组织者也可代为填写参与者的回应。

文化组织无法利用这种调查方式"证明"什么。然而,这种调查法的好处在于,它能够专门针对某个特定群体而进行,从而获得不会受限于预设答案的回应。

开放式当面调查的例子

我们希望您能够欣赏今天的工艺品展览。您是否介意回答下列三个问题呢?

在今天的活动中,您最欣赏哪个节目?_____

您最不欣赏哪个节目?_____

您希望我们在下次活动中做哪些改进?_____

重点群体法

所谓"重点群体"法就是将一些人召集在一起,鼓励他们相互分享意见和所关注的问题。相对于调查法而言,通过采用更多的后续问题进一步挖掘每个人的最初反应,重点群体法的优势是能够获得更加深人的信息。通常,在回答了第一个问题之后,人们会根据自认为正确或者恰当的答案再做出回应。再者,大多数人都想尽量根据肯定的或者正面褒奖的方式做出回应,以此体现自己的修养。把人们召集到重点群体之中,可以鼓励他们对各种评论做出回应,由此能够超越最初的反应。

小型文化组织也可采用重点群体调查法。即便无力支付由专业研究者所规划和主导的重点群体,通过邀请一些客户参与非正式的重点小组,它们依然能够获益。重点小组的主持人不必是专业市场研究者,但是需要具备善于倾听意见和处理人际关系的技能。通常,可以把这项工作分派给大学生们。主持人的作用就在于无偏而客观地倾听和记录参与者的谈话。至关重要的一点是,主持人应该引导对话,确保参与者们能够围绕着议题发表意见,但是不要有意引导意见的方向。

小型文化组织可以运用重点小组收集关于相关议题的信息,诸如如何策划未来的文化活动项目。在小组讨论期间,可以大致描述一下正在策划的想法,记录下参与者的各种反应。然后,可将这种信息运用于项目决策过程。重点小组还可用于考察食品选项和质量、客户服务,以及如何为消费者提供更多的便利措施等。

你把这个称作有趣?

关于年轻人从出席古典音乐会获得哪些效益的问题,人们很少进行研究。因此,现在开展了一项旨在了解年轻人偏好的研究项目。它安排各组从未出席古典音乐会的学生们到音乐会,然后通过一个重点小组了解他们的各种看法和反应。

在5~7个学生组中,每个小组出席不同类型的音乐会,包括一个演奏瓦格纳、德沃夏克和西贝柳斯作品的传统音乐会,一个"通俗"古典音乐会和一个迈克尔·尼曼(Michael Nyman)[①]新型交响乐主题音乐会。

重点小组在音乐会入场之前建立,主要是为了帮助确定学生们对于古典音乐、古典音乐赞助人以及出席音乐会的感受。音乐会结束后,学生们将就自己最喜欢和最不喜欢的音乐会作答,以及他们认为应该如何改进音乐会。各重点小组的组成尽量保持随意性。除了开放式问题和讨论之外,另外还使用投射技术以便获得信息,包括邀请学生们撰写关于古典音乐的广告。完成彰显典型古典音乐赞助人的漫画。

结果如何呢?他们可能喜欢音乐会,但是会提出下列建议:
- 提供更加舒适的座位
- 提供更好的食品选项
- 提供免费节目
- 在大厅内加强视觉模拟
- 希望音乐家们表现得更加友好

或许,音乐家们并不知道自己专注的表情会被认为是不够友好。或许,他们下一次就会面带微笑地同观众打招呼了?

克尔布(Kolb,1999)

重点小组也可用于了解如何才能吸引那些尚未参与者。如果文化组织拥有新的细分市场,就可借助重点群体确定他们所需要的效益。通过寻找这个细分市场成员所属的组织机构就可做到这一点,诸如大学、社交俱乐部或者其他民间团体。

投射技术

投射技术可用于促进面谈、重点群体或者单独使用。这些技术是通过其他途径获取信息,而不是要求口头作答。这一理念借鉴于心理

---

① 迈克尔·尼曼(1944—)是英国现代作曲家,尤以电影配乐而知名。

学，但在营销中已经得到了越来越多的运用。其中一些比较简单的技术包括词汇联想、句子填空和漫画测验。这些都应该属于文化组织的工作者乐于使用的创作型工具。

词汇联想就是直接了解参与者对于某个名字、电话或者活动的第一反应。这种想法旨在获得情感而非智力方面的反应。词汇联想可以运用于重点群体或者那些使用开放式问题的调查过程。

另外一种技术则是让参与者自己完成某个句子或者故事。这种技术使得参与者能够使用自己的语言刻画某种体会。任务之一是邀请参与者为文化组织撰写一份能够吸引他们自己或者朋友的广告。或者，可以邀请他们策划一个自己觉得理想的表演节目。如果这些创造性理念对于受众来说要求过高，则可请他们完成类似于下面所列出的几个句子：

- 所谓"饥饿的艺术家画廊"（The Starving Artist Galleries）是……
- 参观这个画廊的人是……
- "饥饿的艺术家画廊"应该……

文化组织还可以使用漫画。漫画组通常由两个头上挂有气球的角色所构成，类似于娱乐读物。一个角色说，"嗨，阿兰，我打算去参观'饥饿的艺术家画廊'。你想去吗？"然后，调查对象们则把自己的回答放到一个空心圆球中。

直接观察

小型文化组织可以使用的另一种比较经济的方法是进行直接观察。如果文化组织想要了解其客户服务台是否被使用，则可看看谁光临了和谁没有光临。或者，博物馆可以观察某个特定资助组的行为，诸如家庭或单身参观者。这无疑有助于组织确定场内活动最为密集之处、参观密度和最能吸引人的展项。这种方法通常能够提供超出调查法的信息，因为大多数人并不会留意自己是如何完成参观活动的

(Wallace,2010)。

更多的研究方法

方　法	使用的内容
传统调查法	收集量化数据
当面调查法	收集对于开放式问题的简单回答
重点群体	观察群体动向，了解相关主题
投射技术	观察情感反应的各种创作型技术
直接观察	观察人们的行为举止

你为何看似陌生人？

下面是一名初次观看伦敦柯文花园的基洛夫芭蕾舞团（Kirov Ballet at Covent Garden）表演者的想法，而他通常会做的事情是观赏摇滚乐表演：

"音乐大厅本身就是一幢华丽的建筑。应该如此，因为成千上万出手阔绰的轮盘赌徒大多不会去观赏歌剧或者芭蕾舞。他们都是些了不起的家伙（the Great Untutu），我自己当然也在其列。然而，对它的修缮非常美妙，过去这里是一个充满没膝积水的肮脏地下室，而更要命的是，摇滚乐表演就在那种地方进行。

因为有大量女性观众，那里还设置了许多女性盥洗室。在周六的日场演出时，男性的数目会大大超过女性。观看芭蕾舞表演，就像在商店里到处闲逛那样：男人耐着性子尾随着一大群叽叽喳喳的女人。过去，我看到的是许多满身酒气的人们在吼叫。在这里，则是浓烈的玫瑰花瓣气味。这种气味能不让我害怕吗？

我喜欢独自过来，但感觉很快乐，因为大厅里存放了几份免费的《金融时报》。免费的总是好东西！现在，歌剧大厅想要招徕的那些人其实都喜欢免费的东西。但是，提供免费的《金融时报》却体现了这家令人敬畏的机构目前的困境：它一边试图让人们相信歌剧并没有那样高雅,另一面却又宣传说它有多么高雅。"

《帝国》杂志(*Empire*,2003)

竞争者研究

文化组织通常会轻视对于竞争者和竞争性产品的研究,而这些无疑构成了用于进行比较的参照物。虽然应该关注自己的产品,文化组织同样还应该留意其他组织为消费者提供了哪些产品。作为参照物的机构应该包括其他文化组织和娱乐公司。这种研究是至关重要的,因为若不了解竞争者们提供给消费者的产品,那就难以参与竞争。

文化组织应该使用竞争者研究法,以便了解其他文化组织是如何满足各自消费者需要的。这种研究应该包括对竞争者产品的特性、那些组织的强项和弱项进行分析。

竞争者研究的对象是那些能够提供合适竞争性产品的组织。例如,上演当代戏剧节目的剧院应该把同样上演此类剧目的其他剧院作为比较标准。再者,参照物还可以是相关但未必相似的产品类型,诸如当代戏剧组织可以将那些非营利性剧院上演的其他戏剧作为参照标准。

竞争性产品则可以是一些相关但不相同的社交媒体手段;例如,剧院可以将电影院作为参照物。参照物还可以是那些提供相似效益的迥异产品,诸如把餐馆、体育运动活动或者其他休闲活动作为参照物。文化组织应该注意避免的一个问题是,把注意力仅仅局限在那些相似的产品上。

研究竞争者产品的效益

开展竞争者研究时,文化组织应该详细考察竞争性产品的特性及其给消费者带来的各种效益。竞争者研究的目的就是为了确定究竟什么东西吸引了其他竞争性组织的受众。当然,受众是受到文化产品的吸引，但同样也会受其他效益的吸引，诸如服务质量、氛围、购买门票的便利或者费用较低等。一旦知道了竞争者如何能够吸引消费者，文化组织就可以决定是否需要把这些特性添加到自己的产品上。这种研究的实施可以通过与竞争性组织的管理者进行面谈，作为消费者出席各种活动，或者同竞争性组织的受众进行交流。

文化组织还应该分析竞争者们的强项和弱项。如果文化组织针对的是那些有孩童家庭的剧院，那就不仅应该考察其他剧院的强项和弱项，而且还应该考察其他竞争性休闲活动供应者，诸如本地的游乐场所，以便满足那些家庭的需要。如果文化组织发现家庭所需效益之一是教育机会，则可利用游乐园未能提供教育机会这一点。为此，剧院应该主办能够寓娱乐和教育于一体的文化活动。

先是好消息……后来全是坏消息

从1982年开始，美国国家艺术基金会就一直关注各种艺术活动的参与情况。从那时起，所有类型的出席率都有所下降。爵士音乐出席率下降了1.8%，而古典音乐的出席率则下降了3.7%。歌剧出席率虽然只有0.9%的最低降幅，但是它的计算基数却很低，只有3%的出席率。音乐剧的出席率下降了1.9%，而非音乐类的戏剧出席率下降了1.6%。芭蕾舞表演出席率下降了1.3%。其他类型的文化活动和工艺展览的出席率缩减了14.5%，公园和历史古迹的参观者同样也减少了14.5%。但是，且慢！同样也有好消息！在1982年，美国人参观博物馆的比率为22.1%，而在2008年则是22.7%，增加了0.6%。

出席次数减少者都是哪些人呢？年轻人、老年人和中年人。还有谁？受过良好教育者和未受良好教育者，收入较高和收入较低者。一个无法回避的事实就是，所有人都减少了出席次数。

美国国家艺术基金会（2009）

如果通过竞争者研究发现了自己具备其他营利性组织所缺乏的

某个强项,诸如教育内容,文化组织绝不可认为这种优势能够一直延续下去。对于文化组织来说,有必要分析任何有可能改变竞争者战略的未来趋势。正如前述,营利性组织非常善于寻找市场机会。一旦发现了消费者需要某些由文化组织所提供的效益,它们同样会努力地予以满足。

总　结

每当论及研究,大多数人首先想到的是撰写调查报告之事。然而,在考虑实施研究时,首当其冲的步骤是确定自己需要了解哪些问题。文化组织需要了解的问题较多,包括消费者、产品、定价和宣传。文化组织可以从以往所做的研究项目那里获得有用的二手数据。但是,文化组织通常还需要开展第一手研究。然后,文化组织需要决定是否需要开展描述性的抑或探索性的研究。描述性研究运用的是调查法,而探索性研究则可以采用重点群体法、投射技术或者直接观察。对于文化组织来说,至关重要的一点是,注意坚持研究那些竞争者。

参考文献

Arts Council UK. 2012. *Connect10: Connecting Artists and Cultural Venues.* June 19. www.artscouncil.org.uk/funding/funded-projects/case-studies/connect10-connecting-artists-and-cultural-venues/.

ArtsMarketing.org. 2004. "Practical Lessons in Marketing." January 2006. www.artsmarketing.org/marketingresources/tutorials.

Chen-Courtin, Dorothy. 1998. "Look Before You Leap: Some Marketing Research Basics." *ArtsReach.* June/July.

Empire, K. 2003. "Observer Writers Trade Places to Bring a First-timers Perspective to the Arts." *The Observer.* August 24.

Kolb, Bonita. 1999. "You Call This Fun? Response of First Time Attenders to a Classical Music Concert." *Music and Entertainment Industry Education Association Journal*, Volume 1, Number 1.

Murphy, Annelise. 2012 "The 5 Levels of Audience Participation." July 30. www.poisonivymysteries.com/murder-mysteries/294-the-5-levels-of-audience-participation.html

National Endowment for the Arts. 2009. *2008 Survey of Public Participation in the Arts.* Washington, DC: National Endowment for the Arts. November.

National Endowment for the Arts. 2010. *Come as You Are: Informal Arts Participation in Urban and Rural Communities.* Washington, DC: National Endowment for the Arts. March.

Richards, Lyn, and Janice M. Morse. 2013. *Readme First for a User's Guide to Qualitative Methods, 3rd edition.* Thousand Oaks, California: SAGE.

Ritter, Sue. 2012. *Conducting Online Surveys,* Thousand Oaks, California: SAGE.

Wallace, Margot A. 2010. *Consumer Research for Museum Marketers: Audience Insights Money Can't Buy.* Lanham, Maryland: AltaMira Press.

第8章 产品和活动地点

营销理论最初关注的是有形产品的销售,即通过手工或机器制造的实物产品(例如,一罐苏打水、一件夹克衫或者一张床)。在20世纪80年代,随着服务业的增长,营销业务主管者们认识到,服务性产品虽然在某些方面与有形产品不同,但却同样需要实施营销。由此,营销理论获得了拓展,以便应对营销服务产品之需所提出的各种挑战。随着服务产业的扩张,现在正是需要理解政党之类理念和海外旅行之类经历的时候了。根据营销理论,可以使用文字产品描述有形产品、服务、理念和体验。

完全可以将文化产品看作是某种组合。举办戏剧表演、音乐会或者展会之际,文化组织就是在提供某种服务。但是,移驾光临的消费者还会从组织这里购买其他有形的产品,诸如纪念品、节目录像带和各式小礼品。此外,为了传播支持艺术活动的理念,文化组织还可以销售会员卡,只有那些亲临者才能享受艺术活动所提供的所有效益。

鉴于文化属于一种非常独特和复杂的产品,所以必须了解消费者的感受,区分各种产品,包括独特的服务特性在内,必须了解产品知识、分类、品牌、包装和传播等概念。为了制定有效的促销推广活动,文化组织必须掌握这些知识。

独特的服务特性

正如前述,"产品"一词可以针对各种有形商品、服务、理念或者经历而交叉使用。与有形产品不同的是，服务具备几个对于文化组织来说属于最重要的特性，即无形性、不可分性和非持久性。这些特性均增加了文化产品营销的难度。

扎堆总是更有乐趣！

众包（crowdsourcing）本身被看作是一项繁杂的工作，或者难度很大，或者耗时甚长。为此，需要把它分解成各项具体的任务，再一一分派给许多人。因为这项工作的完成需要很多人的合作，所有的参与者都是通过网上征召而来。这种想法同艺术又有何瓜葛呢？不错，艺术通常被看作是一种由艺术家独自进行的活动，但是，这种想法现已获得了新的表述方式，那就是，艺术创作需要众包。过去，公众在艺术领域的作用仅仅局限于充当观众，而文化组织则需要竭力通过各种游说和项目来争取更多的受众。现在，创作过程同样也采纳了众包的理念。下面是这方面的一些例子：

● 美国的布鲁克林博物馆（Brooklyn Museum）允许所有人在其网站上注册，然后可以对其中任何一幅图片做出标注、评价和发表看法。

● 一项名叫"点击"（clicked）的展览要求受众们递交在最后的项目中展出的照片。

● 一部通过公众帮助而拍摄的名为"日常生活"（*A Life in a Day*）的影片，运用了 8 万件来自世界各地的上传片段。

新的理念将会不断地涌现，并将改变对于"艺术家"的定义方式。

若瑟勒（Rothler，2012）

无形性

音乐、舞蹈、艺术展览或者工艺品的功能都具有视觉和听觉方面的特性。但是，文化产品更加类似于服务，因为消费者购买它们的目的是,通过观看表演或展出而获得无形的效益。购买的对象并不是艺术形式本身,而是为了体验它们的效益。

对于文化组织来说,要把这些无形的效益告知、销售给消费者甚为不易。对于那些未曾充分体验过文化活动效益的消费者来说,情况尤其是这样。因此,文化组织必须细致地选择广告材料中的措辞和图片。不尽如人意的是,假如选择不当,措辞和图片就会加剧文化消费者的负面看法,即艺术过于深奥以及产品难以理解。

不可分性

因为消费者所购买的是体验艺术表演或展览的权利,而不是它们本身,文化产品的各种有形特征只能在购买之后才能予以考察,因此它们与购买行为难以分离。即使消费者已在其他地方曾经有所体验,每一种感觉也都具备独特性。这就使得文化产品的营销与服务业的营销非常相似,也同样困难。换句话说,直到购买和消费前夕,文化组织都必须向许多甚至大部分根本不熟悉的消费者销售艺术体验机会。

可持续性

就其内在性质而言,服务性产品是无法储存的,文化组织面临的挑战之一就是如何把供给和需求联系在一道。艺术表演和展览的提供只能在一段时间内进行,如果没有受众,销售的机会就会消失。对原本就资金有限的文化组织来说,产品的可持续性构成了一项巨大的挑战。假如观众座席上稀稀落落,那么在翌日就难以继续进行销售,而创造销售收益的机会就将一去不返。因此,至关重要的是,制定能够使得上座率最高的恰当价格,或者制定能够使得销售收益最大的高价。由于政府资助的减少,文化组织的定价已经变得愈加关键。

产品知识

在消费者决定做出购买产品的决定之前,他们首先需要了解产品的状况。他们对于产品的了解或认知水平变化较大,从仅仅知道产品的存在一直到熟悉产品的各种类型和级别。

教堂＋杂技场

总部设在澳大利亚的"司卡"(Circa)是一家在表演方式上最为超乎寻常的艺术公司之一。在英国各教堂的大厅内,它展开了长达1小时的吊绳式芭蕾舞表演。是否有些亵渎神明了?!伴随着唱诗班的音乐,表演尊重教堂氛围但又不涉及宗教。公司认为,像《天使如何飞翔》这样的节目可使观众们的注意力集中到头顶上方的宽广空间,而这些有时却是被祈祷者们所忽视的。

索耶(Sawer,2012)

关于文化产品的知识水平

消费者们对于文化产品具有不同的知识水平,包括作品的类型、形式、品牌以及其他特征,而这些都会影响他们的参与决策。他们或许仅仅只是了解产品的类型,知道有些东西叫作"古典音乐",或者听说过世间还有"芭蕾舞"和"剧院"之类的事物。进一步地,如果了解得更多一些,消费者就会知道,古典音乐可以具备多种形式,诸如音乐会演奏、音乐会的录音、电台广播以及网上传播等;就戏剧来说,则有莎士比亚戏剧、当代戏剧和音乐剧等。消费者不会仅限于消费一种形式的文化。对于那些举办现场活动的文化组织来说,不应该认为,通过电信传媒参与艺术活动的做法将会截流现场渠道的受众。事实上,通过传媒途径的参与可以促进人们亲身参与文化活动(Byrnes,2011)。

接下来一级的知识水平是，消费者对品牌的认知。例如，假如消费者考虑是否要去古典音乐会现场，其决策或许会取决于上演地点的商誉，诸如美国的卡内基音乐大厅或英国的皇家节日大厅。他们的决策依据在于这样一种看法，即演出地点的商誉可以确保艺术体验的质量。如果他们非常了解某种艺术形式，那就会根据节目或者展览的各种特性做出决策，诸如某位特定的艺术家。

以古典音乐为例，可以描述作为参与决策之依据的产品知识水平。处在最肤浅的层次，个人首先会知道古典音乐的存在。接下来，他们必须知道，如果希望欣赏古典音乐，则有多种形式可以选择：可以通过电台聆听古典音乐，可以购买和聆听激光唱片，可在网上聆听，或者亲历演奏现场。如果决定亲历现场，他们还需要更多地了解乐队或演出地点的名气。就那些非常了解古典音乐的人来说，则更加关心音乐会的各种细节。他们会根据这些特性进行决策，诸如音乐风格、作曲者或者独奏者。

那些事关营销的人们大多会认为，自己的全部工作就是宣布自己所促销的产品。这足以打动那些具备恰当艺术知识的消费者。但是，对于那些只是知道存在着古典音乐的消费者来说，关于将在维也纳的威格摩尔音乐大厅举办巴洛克音乐独奏会的消息公布则没有多少意义。

关于古典音乐作品的知识层次

作品类型	作品形式	品牌（现场）	特性（现场）
古典音乐	现场	BBC 交响乐团	巴洛克时代作曲家
	电台广播	爱乐乐团	当代指挥家
	激光唱片	"南岸"乐队	室内独奏音乐会
	网上数码音乐	威格摩尔音乐厅	合唱节目

价值链决策的制定

人们进行消费决策的根据是价值链。价值链从产品所具各种特性开始,然后转入这些特性所提供的各种效益。消费者接着将会考虑购买产品给自己带来的情感意义。文化组织必须为消费者提供必要的信息,帮助他们做出参与决策。我们可将下面三个层次的产品知识视为一个价值链:

价值链

1. 特性:它是什么?
2. 效益:它能够给我带来些什么?
3. 价值:它对我有何意义?

第一类信息事关产品的各种特性。运用古典音乐的现场演奏作为例子,这种信息应该包括演奏者、音乐会的日期和时点、音乐规划、演奏地点的实际特性,以及提供的附加服务。在提供这些信息方面,文化组织已经非常熟悉。

第二类信息则是关于能够提供给消费者的各种效益组合,包括增长有关古典音乐的知识和陶冶情操,其他还有提供社交机会和愉悦的理由。文化组织不太擅长于提供此类信息,因为它们自己有时也无法确定消费者如何能够受益。

消费者需要的第三类信息则是关于与产品用途相关的价值。促使消费者出席古典音乐会的原因或许是,它能够满足个人的价值观念,诸如有益于社会进步,或者是遵循自己所属社会层级的行为规范。已经知道的是,参与艺术活动者体验还会以其他方式相互联系,因此参与本身就是接触和支持社会组织的一种途径(美国国家艺术基金会,2009)。

出席古典音乐会时所运用的作品信息类型

作品特性	作品的效益	与作品相关的价值观
节目	社交机会现场	支持艺术
演奏者	增长知识	社会地位 爱乐乐团
场地设施	放松和愉悦	接触社群

若要成功地发送营销消息,文化组织就必须提供上述所有三种信息。那些已经具备热情和知识的消费者或许仅仅根据价值观念就会做出参与的决策,因为他们已经熟悉了文化产品的特性和效益。然而,为了影响文化消费者的决策,文化组织首先必须让他们了解文化产品的各种特性。然后,必须让消费者们相信能够从参与中获益。只有这样,消费者才会知道文化活动是否体现了他们的个人价值观念。

全球性的经济下滑已造成了有助于理解文化组织的价值观念的变化。许多人不再能够依靠购买形象产品作为表达以成就为依据的个人价值观念。他们现在更有可能寻求一些能够使自己与他人在社群接触的机会(Gerzema and D'Antonio,2011)。社交媒体使得这些人能够相遇,分享如何更加深入地接触当地文化团体的信息。

产品风险

不尽如人意的是,一些被文化组织视为富有意义的价值理念,诸如显示自己享有某个社会团体资格或者展示自己的文化知识等,其实对于文化消费者却构成了某种障碍。并不是视为效益,对于那些缺乏艺术知识者来说,这些价值观念所蕴含的却是风险。若要想吸引这些消费者,就必须尽量降低这些风险。参与文化活动的风险可能包括:(1)感到自己是个局外人或失意者;(2)一个相当无聊的晚上;(3)无法构建社交关系;(4)未能受到必要的关注

无疑,社交媒体技术有助于降低这些风险。若能在网上观看样本,那些潜在的受众成员就能了解作品是否符合自己的需要,并且学

习更多的知识。最后,若能在社交网站上了解受众成员的大致情况,他们的自信心就会进一步增加。那些有影响力的博客们同样也在分享着艺术形式所能提供的效益。这些社交信息要比文化组织所传播的信息更具说服力(Li and Bernoff,2009)。

技术和文化产品

文化产品,无论文化组织是将其视为启蒙、娱乐还是两者兼顾的产品,都是文化组织存在的目的。正是文化组织先制作产品,然后再展示给大众。但是,公众现在已经不再从这种静态的角度看待产品。取而代之地,由于社交媒体技术的发展,他们或许会把自己看作是产品的合作生产者(Shirky,2010)。虽然社交传媒首先被用作人们相互联系的手段,现在同样也使得公众能够参与创作过程。许多消费者想要参与创作,并且与他人分享自己的创作成果。现在,文化组织不应把自己所呈现的作品理解成孤立存在的事物,而是应该视为属于交流、创作与合作过程的一部分。

忘却群体疗法,直接去听歌剧

在1990~1995年,总部设在多伦多的加拿大歌剧公司(Canadian Opera Company)流失了一半的客户。公司意识到,必须采取重大举措,吸引新的和年轻的受众。它所取得的成功得益于一项名为"18~29岁:新时代的歌剧"会员资格促销活动。只需缴纳少量费用,会员就能获得一张免费的歌剧入场券、在各普通音乐商店享受价格优惠、一张歌剧激光唱片、一件纪念品和一本歌剧宣传手册。加拿大歌剧公司把这次成功归因于两个因素:根据打折的价格提供比较好的座椅,其文化产品能够吸引那些热衷于传媒技术的年轻人。在宣传这一项目时,广告公司把重点放在大学、书店、咖啡馆和酒店。最初的营销消息并未对项目涉及性和暴力而致歉。下文是出自一部小册子:

"你的母亲和她的情人刚刚用斧头砍死了你的父亲。你的被赶出去的兄弟可能已经死去。人们企图把你囚禁到一个黑塔中。在此期间,你的姐妹则想安顿好一切,过正常的日子。现在,已经来不及再做群体治疗。体会一下伊莱克特拉的满腔怒火吧!"

哈哈!即便如此,这个节目依然越发走红!在2012~2013年的演出季节,仅支付22美元,受众就可坐在指定的席位区域。但若支付35美元,就可享受剩余的最佳座位。

潘修洛和班克斯(Panciullo and Banks,1998),加拿大歌剧公司(2012)

产品分类

根据购买方式和消费方式,可将各种产品划分为日常用品、可比性产品和特色产品。针对不同类型的产品,我们需要采用不同的营销策略。

日常用品

在购买日常生活用品时,消费者通常不会做过多的考虑和搜寻。这些产品对于消费者来说大多成本较低,而对生产者来说则盈利不高。由于利润较低,生产者只能采取薄利多销的营利方式。因此,日常用品就必须能够吸引各种各样的消费者,广泛地传播到各大细分市场。关于此类产品的促销信息主要专注于成本和使用价值。普通日用品,诸如包括软性饮料、快餐和牙膏之类,都比较便宜,传播甚广且可以快速消费。

可比性产品

可比性产品的价格通常较高,供货地点有限,其耐用程度则超过了普通日用品。因此，在购买之前，消费者会花费一定的时间进行搜寻和比较。可比性产品的品牌虽有不同，但是它们的特性大多一样。如此一来，消费者将会根据价格做出购买决定，然后才会考虑产品特性。例如，电冰箱属于一种标准的基本生活用具，在考虑是否需要购买时，各种电冰箱之间的差价构成了重要的权衡因素。但是，即便某种电冰箱的价格最低，其销售点和交货方式也还是必须方便消费者。消费者若在购买和搬运回家时需要花费更多的时间和精力，这些因素就有可能抵消掉低价效益。

如果可比性产品所具备的特性各有不同，消费者的购买决策也会有别。例如，在选择汽车时，即使所有的汽车具备相同的功能，购买决策通常还是会以各种特性为依据，诸如设计、大小和功率，然后才是价格。为了获得合意的特性，消费者或许会花费更多的金钱。因此，针对可比性产品的促销消息大多专注于它们的各种特性及其效益。

特色产品

特色产品具有独到的特性，或者唯一的品牌认知度。若要购买特色产品，消费者将不会认可其他的替代品。例如，"蒂芙尼"（Tiffany）的珠宝。虽然其他品牌的珍贵珠宝也同样诱人，但是消费者只会在前者那里购买，因为他们难以认同其他珠宝店的品牌。因此，对于特色产品的促销消息专注于形象而不是特性。

不同文化产品的比较

根据不同的艺术形式、属于高端还是大众文化以及所面向的细分市场，我们同样也可将文化产品划分为日常用品、可替代产品或者特色产品。对于文化产品的分类同样取决于艺术形式的表现方式。若能把握消费者如何对文化产品分类，这无疑有助于设计有效的促销消息。

作为日常用品的文化

文化若是作为日常产品出售,即具有广泛的销售范围和较低的成本,它就总会含有某些大众文化的内容。为了进行低价销售而仍可获得充足的收益,文化产品必须能够受到各类消费者的普遍欢迎。为了销售"日常"文化,公司能够在产品设计方面做出一些必要的妥协,以便吸引更多的客户。有时,日常文化作品质量也许并不太高,但是价格便宜,所以消费者仍然愿意购买它们。

如果从事的是高端文化产品创作,文化组织通常不愿或者无法只是为了吸引广泛的公众而在质量方面做出必要的妥协。因为专注于高端的艺术创作,它们同样也不易削减产品成本。组织的使命要求它们拥有最好的(以及,最为昂贵的)艺术家和表演者。由于无法为了吸引文化消费者而改动产品,它们无论在何处都难以赚取足以弥补成本的收益,所以必须仰仗外部资助。同样是因为无法吸引广泛的受众和没有充足的收益,即使其产品质量属于上乘,文化组织也无法开展广泛的传播。因此,无法将高端文化作为日常用品出售,因为在促销后一类产品时所强调的是低价和效益。

作为可替代产品的文化

如果缺乏关于艺术和文化的知识,消费者就会把文化活动视为可替代产品。他们认为,任何一个文化活动都可以由其他形式的文化活动所替代,因为对于此类消费者来说,所有的文化活动都具有相同的特性,提供相同的效益。因此,在选择特定的表演或者展出时,消费者将会采纳最方便的选项和最熟悉的活动。

然而,了解文化产品的人们将会确定对于某一特性所付价格,诸如某个特定的演出或者参观某个特定的展览会。为了出席观看某个表演或者展览,即使地点和时间并不便利,他们也还是愿意旅游和安排行程。对于这类消费者，促销所应强调的是产品的特性。

作为特色产品的文化

有些人把文化当作一种特色产品，所以具有特定的品牌偏好，不会认可其他选项。为了得到这种产品，他们愿意花费更多而且不嫌麻烦。例如，如果他们想要观赏的是莫奈(Monet)画作，则对其他艺术家的作品就兴味索然而只认可莫奈画展。再者，他们同样会基于品牌因素而把文化当作一种特色产品。例如，如果他们想要观赏的是在英国皇家歌剧院(the Royal Opera House)上演的某部歌剧，则不会光顾在其他地方上演的同样一部歌剧。显然，在促销特色产品时，所需强调的不是价格的低廉，也不是产品的特性，因为此类产品的购买者已经知道产品必须具备的效益。因此，促销活动需要强调的是与这类产品相关的各种价值理念。

品牌化

时下，文化组织对于品牌化的兴趣正变得越发浓厚。"品牌化"的定义是，有关产品所能提供各种消费效益的明确标识(visible identity)，包括组织的名称、商标、品牌标语或者它们的相互组合。品牌并不等于产品，而是旨在表明产品所能提供的各种效益。因此，使用品牌是组织与公众进行交流的捷径。

因为艺术品所提供的是一些不易营销的无形效益，品牌化对于文化组织尤其重要，它有助于在消费者心目中独树一帜。文化产品品牌的效益就在于能够使得文化组织具备特色。它涵盖了使得某一文化组织有别于竞争者的所有内容。

当然，品牌标识能够帮助消费者了解某家歌剧演出公司的剧目和某座艺术博物馆的艺术展品。然而，品牌标识不仅在于确定产品的各种有形特征,而且使得文化组织能够表明产品的各种独特的无形效益,包括身临剧院现场的情绪激昂、古典音乐的恢宏气势或当代视觉艺术的犀利内容。

通过品牌化,文化组织还可参照其他能够吸引客户的相似产品,其效益包括晚会的社交性质以及借助品牌让消费者了解娱乐的方式。如此行事可以告知消费者所能得到的艺术体验类型。如果消费者确实欣赏这种体验,今后就会根据商标确定这种体验,并且继续消费这种产品。

让我们全天娱乐!

苏格兰国家剧院是一家没有固定剧场的戏剧公司,因而决定采用全天24小时的连续实况广播来庆祝其成立5周年,内容是为时5分钟的各种即兴表演。那么,它是否有足够的节目和演员来实现这一目的呢?没有。该剧院是让公众来完成这项工作。不仅是所有235个片段都必须取得成功,而且必须能够评判在洗衣房和游泳池里进行的表演是否成功,而演员中包括了脚踏滑板车的老妇以及带着孩子的父母。然后,这些表演被放在网上供继续观赏。这一活动甚为成功,以至于专门为年轻人举办了一个5分钟剧场项目。

凯尔德(Caird,2011)

文化组织需要明白,即使没有主动参与这类活动,自己同样也需要品牌化。文化产品的品牌是在公众心目中所建立的,通过口碑、文字、传媒和网评实现。如果这些途径强化了各种负面陈规,品牌化则会给组织带来伤害。

文化组织把握品牌化问题的另一途径是,需要考虑如何才能吸引那些潜在的客户的全身心参与(Daw and Cone,2011)。大多数文化组织都想了解客户的喜怒哀乐。为了实现品牌化,它们会大力宣传自己绝妙的音乐、精湛的戏剧和高尚的美术作品。组织还应该考虑如何获得客户的关注,可通过强调自己与其竞争者的不同之处而实现,解释自己为何能够提供他人所无法提供的内容。最后,品牌化还应该构成公众与组织交流的手段。

可以认为,今天,文化组织不再能够独自掌控品牌,它是与客户共同努力而创造的结果(Solis,2012)。消费者知道,文化组织会通过强调产品的奇妙之处来确立品牌。但是,文化组织如今在网上的产品讨论中只是一种声音。在交流产品的效益方面,公众可能营造的品牌形象要比组织内部人士更加准确。

文化产品的包装

文化产品不仅仅是由艺术家所创作的单独一种表演或物品,而是一揽子的表演/物品,加上所能提供的艺术体验。它还包括诸如游说性娱乐和普及性演说、实体环境、社会氛围以及客户服务。文化产品实际总是属于某一"活动",即使只是视觉艺术表演而不是为期三天的凯尔特(Celtic)音乐节。

所有产品都包含了不止一种的实物或服务。文化产品具备首要的核心产品——表演或展览,由文化组织提供给消费者。这种核心产品应该只是被看作关键因素,然后还需进行包装。

把文化产品包装成为一种活动

包装通常被视为用于包裹或盛放所购有形物品的纸张或容器,旨在保护产品,以及帮助营造产品的品牌标识。为了吸引不同的消费者,同一产品可以使用不同的包装。

文化产品属于无形的服务,但是也可视为需要包装者。不是使用保鲜纸或泡沫塑料进行包装,产品是以更多的附加服务和活动进行包装。未经"包装"的戏剧、音乐会、会展的核心产品就像没有封面的书籍那样无法售出。当然,对于严肃的读者,封面并不能够充分地阐述书中的内容,但是文化消费者可通过封面决定是否值得选取这本书。

因此,如果缺乏可以打动人心的包装,文化产品就尤其难以吸引消费者。他们所想见到的包装或许是游说性娱乐、特色食品和饮料,或者是独特的装饰品。成功的包装还包括各种无形的特质,诸如周边氛围和员工的态度,设计它们的方式需要能够吸引文化消费者。加在一起,一旦文化消费者光顾,所有这些包装就形成了触动他们的信号。文化组织的网上存在也是其品牌形象的一部分(Blakeman, 2011)。拥有了模仿其他类型传媒的外观和描述的网址,可以增进组织所设计的形象。

针对不同的目标细分市场,对于相同的产品可做不同的包装。用于吸引文化产品迷们的包装包括各种附加特征,可以满足他们与其他了解艺术形式者的交流。这种包装包括音乐会之前的讲座、项目简介以及面见艺术家们的机会。

其他包装还包括更加深入地参与艺术形式和文化组织的机会,通过成为组织的发起人或志愿者。这种包装不仅可以为文化组织提供支持和帮助,而且有助于发展与组织的关系,帮助文化组织实现其使命。

文化的传播

对于大多数文化组织来说,文化产品的传播系统从来就不是一个问题。各种文化活动通常是通过传统的渠道而举办,诸如表演大厅、博物馆或艺术画廊。每当考虑文化传播问题时,文化组织的反应就是在传统文化活动场馆巡回举办,因为据称只有地理距离才会阻碍消费者的参与。但是,传统文化活动场馆本身就有可能妨碍消费者的参与。

为了构建新颖的文化传播方式,文化组织必须明白,心理距离与地理距离一样会妨碍消费者的参与。即使受众现在无意接触这种新的渠道,文化组织未必就无法将文化产品带给受众。为了增加受众,许多敢于创新的文化组织正在尝试各种新的传播渠道,具体方式虽因组织的类型和艺术形式而异,但都包含了以非常规方式宣传艺术品这一点,诸如购物中心、教堂和舞蹈俱乐部。消费者最初非常可能出席音乐会、戏剧或展会,因为这些都属于他们熟悉的文化活动场馆。

文化组织也可选择采用电子传媒手段传播文化产品。在21世纪初已经长成的那一代被称作"总在网上"(always on)的一代,因为他们一直连接着互联网(Swerdlow,2008)。但是,由于他们的兴趣点转换很快,文化组织必须借助电子传媒快捷便利地提供文化产品,诸如计算机或者智能手机。

非常规渠道

如果文化组织的使命在于尽量向更多的人展现自己的艺术作品,那就必须把那些作品带给他们。虽然各种艺术组织通常会把作品带到中小学校,但是还存在着其他许多可以尝试的渠道。室内乐团(chamber group)可在公共场所的午餐休息时间进行演奏,诸如公司总部的大厅等。这甚至可以构成其排练的内容。博物馆和画廊也可在餐馆、公司或者商店进行展出。当然,还可以借助口头或者书面信息告知公众的是,如何通过常规渠道获得更多的艺术体验。文化组织或许会感到惊讶的是,那些感兴趣的公司如何将艺术结合到自己的实体环境中。

酒吧里的芭蕾舞表演

芭蕾舞属于在舞台上进行表演的高雅艺术。布兰芭蕾舞团(Blankenship Ballet)却是在一座废弃的大楼内进行非常规的芭蕾舞表演。事实上,他们是在一个酒吧中进行表演,位于公司在洛杉矶所购买的一座破旧的旅馆中。公司的创建者们来自古巴，并且非常乐于在非常规地点进行表演。他们的表演将芭蕾与歌剧和舞蹈相互结合。创建者们相信，表演高尚艺术未必需要借助于传统的途径。虽然破旧建筑物存在着维修问题，但其空间却能为受众和舞蹈家们提供互动的机会，而这一点却是常规渠道无法比拟的。

约瑟夫（Josephs，2012）

渠道的作用

除了作为艺术展览或表演地点之外，分配渠道在营造社群归属感方面意义重大。为此，文化组织必须理解这一需要，确保所有公众成员均有宾至如归之感。渠道还可用于展现所有成员的创造性。文化组织可以把这种社群感受展现在各种渠道以及网上。或者，文化组织与公众的初次接触可在网上进行，渠道是增进组织网上社群感的一种手段。换句话说，人们将接触这种渠道，不仅是体验艺术，而是相互进行交流。

社群的构建

文化组织应当把它们的渠道不仅看作只是欣赏艺术的地方，而且应该把它运用于构建社群。每个人都需要所谓的"第三个地方"，即除了工作、家庭之外而能够平等接触的地方。回首以往，这些地方多为当地的咖啡馆、书店或理发店。但是，今天更多的人需在工作和家庭之间长途奔波，而一旦回到家中就会闭门不出。

社会需要一个友好的"启动机制"，使得社会阶层不同但兴趣相同的人们得以聚集一道。因为人们具有社会特性，参与艺术活动的主要原因之一就是社会体验。不幸的是，文化组织有时错误地把这一点看作无关紧要的事情。但是，它属于人的一种基本需要，而帮助人们进行社交也就是对社群做出了重要贡献（Oldenburg，1999）。

戏剧、城镇与周末

英国威尔士的塔尔伯特港城(Port Talbot)变成了"热情"(Passion)节目的表演地点。在三天内,在整个行政区内多个地方的各种节目都会在该城镇进行表演。在复活节的周末,它汇聚了1 000名当地志愿者,而节目制作针对社群而有所调整,增添了神话和故事,包括骑着自行车的天使和葡萄在屋顶上的狙击手等。这项活动在威尔士国家剧院和怀尔德沃克斯(Wildworks)剧院进行,这项活动规模很大,但是当地的故事却能够吸引每一名观众,使得这项活动成为整个城镇的大事,而不只是那些戏剧观赏者。

伽德纳(Gardner,2011)

宾至如归

为了营造针对社群的归属感,传播渠道无论是常规的还是非常规的,都必须为人们所乐于接受。文化组织应当使得每一名访客都有宾至如归之感,包括添加一些细微但却有意义的点缀物品,诸如点心、摆放玻璃杯的桌子和舒适的座椅。再者,可在售票处摆放一些鲜花,以此体现文化组织热忱地欢迎社群成员。就像请朋友来家里做客一样,重要的在于表现得友善和热忱,让朋友感到自在。文化组织应该微笑而友好地接待客人,而不只是简单地发售门票。

运用技术手段构建社群

与其简单地感叹技术改变了文化消费习惯,文化组织可以借助它使得个人和社群参与艺术创作过程。一直信奉社群的影响力,文化组织可以通过技术构建网上社群,使得公众能够平等地参与其中。新型的信息技术,包括社交媒体在内,使得文化组织有可能接触不同的公众群体,诸如常规渠道不易吸纳的残疾人群体和少数族群。

技术因素使得文化组织与消费者的关系变得更加平等。现在，公众可以选择亲自进行艺术创作，并且同社群其他成员分享自己的作品。虽然并非每个人都会如此行事，但是，作为文化组织的未来受众，年轻人会觉得这种能力使得他们可以平等地立足于艺术家们当中。他们创作的作品质量或许参差不齐，但仍然不失为自己的创作。这会使得这些年轻的文化消费者更加乐于接受文化产品。

在社群内部，各类成员的参与程度会有所不同（Kanter and Fine，2010）。有些人只是简单地浏览文化组织的微博和脸书页面，另一些人会更多地参与其中，因为他们认可文化组织的使命；某些人会与其他人交流文化组织的使命；还有一些人则会进行创作，并且同组织和其他成员分享作品。

"文化参与"（culture participation）一词派生于互联网的使用方式（Jenkins，2009）。最初只是用作信息来源，互联网很快就转变为交流工具，使得双向沟通和创造成为可能。由于技术进步降低了艺术创作的门槛，文化参与得以发展。此外，技术还使得人们更加容易分享艺术创作，参与者们从而可以构建联系纽带，确信自己创作的意义。最后，对于那些非常熟悉某种艺术形式者来说，技术也构成了传授技艺的途径。也正是这最后一点，使得文化组织能在所构建的网上社群中发挥作用。它们可以解释为何所有的创作都有意义，但价值却并不相同。

超越实体渠道

大多数文化组织都依赖于某种实体途径。营销的目的就在于激励受众接触这种途径。然而，以新型传媒技术为例，还存在着关于文化产品交付的另一种思路，即使用传媒和受众细分模型（Napoli，2011）。因为技术，过去只能以纸质形式阅读的报纸，现在可以在电脑屏幕、电子阅读器、台式电脑和智能手机上进行阅读。类似地，文化产品同样能采用各种有别于现场体验的模式进行欣赏。因为有了如此多的消费选择,可将受众划分为更多、更小的板块。不再把受众仅仅理解为亲临的访客,文化组织或许需要开始把他们理解为所有接触自己艺术作品的人们,无论他们是前来造访还是在网上接触。

不只是收集品

"步行者"艺术中心(the Walker Art Center)位于美国明尼苏达州明尼阿波利斯市,作为一个大型的当代艺术展览馆,它决定以新的方式使用网址。文化组织大多一直把网址用作营销平台,通知和引导受众的光顾,"步行者"中心则决定把网址用作传播信息的手段,而不只是用于招揽顾客。在其网站上,它们列出了近期关于当代艺术背景的一流论文,其中一些重点论述在明尼苏达所发生的艺术事件。网站还设有互动博客和视频,展现"步行者"中心以往的活动。此外,还有关于传统收藏作品的内容等,不一而足。人们可对这些收藏作品进行检索,一旦确定了感兴趣作品的位置,就能够针对其网上图像发表评论,通过电子邮件传递图像,或是通过几个社交媒体平台分享图像。此外,有些人也许只是想要打印和保存图像。访问这一网址,人们可以获益良多。他们也许无法造访位处北美洲中部的"步行者中心",但是现在都能够在网上体验这一中心。

麦爵利格尔(Madrigal,2011)

总　结

所谓产品可以是一种实物产品、一种服务、一种理念或者一种体验。文化则可视为是所有这些要素的某种组合。服务有别于实物产品,因为它是无形的,这种产品的生产与消费无法分离,而且无法储存。消费者对于产品的认识水平各有不同,从有关产品种类的模糊认识到对其所有特征和效益的理解。价值链把这一过程描述为从特征转变为效益,再转变为价值。所有产品可划分为日常产品、可比性产品或者特色产品,文化产品属于后面两类。所谓品牌化属于将产品的价值告知消费者的一条捷径,而产品传播则可以通过各种传统渠道、互联网以及室外公共场合进行。

参考文献

Blakeman, Robyn. 2011. *Strategic Uses of Alternative Media: Just the Essentials.* Armonk, New York: M.E.Sharpe.
Byrnes, Jennifer P. 2011. *Public Participation in the Arts and the Role of Technology.* New York: Nova Science.
Canadian Opera Company. 2012. "18 to 29: Opera for a New Age." June 30. http://www.coc.ca/PerformancesAndTickets/Under30/OperaUnder30.aspx.
Caird, Jo. 2011. "National Theatre of Scotland's Five Minute Theatre – the verdict." *Guardian.* June 23. http://www.guardian.co.uk/stage/theatreblog/2011/jun/23/national-theatre-of-scotland-five-minute.
Daw, Jocelyne, S., and Carol Cone. 2011. *Breakthrough Nonprofit Branding: Seven Principles to Power Extraordinary Results.* Hoboken, New Jersey: John Wiley & Sons.
Fanciullo, D., and Banks, A. 1998. "Surge of Popularity Creates a New Age for Opera." *Arts Reach*, September.
Gardner, Lyn. 2011. "The Passion – review." *Guardian*, April 24.
Gerzema, John, and Michael D'Antonio. 2011. *Spend Shift: How the Post-Crisis Values Revolution is Changing the Way We Buy, Sell, and Live.* San Francisco: Jossey-Bass.
Jenkins, Henry. 2009. *Confronting the Challenges of Participatory Culture: Media Education for the 21st Century.* Cambridge, Massachusetts: The MIT Press.
Josephs, Susan. 2012. "Blankenship Ballet's Unconventional Platform for Dance." *Los Angeles Times.* July 28.
Kanter, Beth, and Allison H. Fine. 2010. *The Networked Nonprofit: Connecting with Social Media to Drive Change.* San Francisco: Jossey-Bass.
Li, Charlene, and Josh Bernoff. 2009. *Marketing in the Groundswell.* Boston, Massachusetts: Harvard Business Press.
Madrigal, Alexis. 2011. "Museum as Node: What to Love About the Walker Art Center's New Website." *The Atlantic.* December 5.
Napoli, Philip. 2011. *Audience Evolution: New Technologies and the Transformation of Media Audiences.* New York: Columbia University Press.
National Endowment for the Arts. 2009. *Art-Goers in their Communities: Patterns of Civic Engagement.* Washington, DC: National Endowment for the Arts.
Oldenburg, Ray. 1999. *The Great Good Place: Cafes, Coffee Shops, Bookstores, Bars, Hair Salons and Other Great Hangouts at the Heart of a Community.* Emeryville, California: Marlowe & Company.
Rothler, David. 2012. *The People Formerly Known as the Audience: Participating and*

Crowdsourcing in Arts and Culture. January. http://www.scribd.com/doc/97334222/Crowdsourcing-Culture.

Sawer, Patrick. 2012. "Art Meets the Holy as Cathedrals Host Circus Act." *UK Telegraph.* June 17.

Shirky, Clay. 2010. *Cognitive Surplus: How Technology Makes Consumers into Collaborators.* New York: Penguin Books.

Solis, Brian. 2012. *The End of Business as Usual: Rewire the Way you Work to Succeed in the Consumer Revolution.* Hoboken, New Jersey: John Wiley & Sons.

Swerdlow, Joel. 2008. "Audiences for the Arts in the Age of Electronics." *Engaging Art: The Next Great Transformation of America's Cultural Life.* New York: Routledge.

第9章　作为销售额来源的定价和资助

文化组织惯常于认为营销活动只包括产品和促销。然而,为了构建可靠的营销策略,必须考虑产品定价的方式。如果无法给产品定价,文化组织就没有其他收益用于弥补支出;如果能够给产品定价,则它就会变成营利性公司。非营利的文化组织虽然无法完全直接依靠销售收益而存活,它们可通过其他来源获得资助。来自公众和政府的筹资是文化组织的关键性收益来源。但是,文化组织仍然需要了解定价理论。原因在于,若能直接从消费者那里获得更多的收益,就可减少其他形式筹资的精力和时间。文化组织可以忽视基本定价理论的日子已成过去。定价策略,诸如差异性定价,甚至可用于激励人们出席文化活动。因此,文化组织有必要了解事关定价的成本、竞争和品牌问题。

文化组织的公共资助

对于文化组织而言,资金始终是一个至关重要的问题,而它具有两个主要的收益来源。第一个是直接从消费者那里获得,包括门票销售收益、各种费用、所提供的食品和饮料,以及相关产品销售。但是,对于一个典型的非营利艺术组织来说,其收益的一半来自于那些能够赚钱的途径,诸如门票和礼品店的销售额(Raymond,2000)。由于这类收益流不足以弥补组织的全部成本,文化组织需要来自政府、公司和富人们的赞助。但是,由于经济形势从2008年起出现下行,外部融资已变得愈发难以获得。这种更加迫切的资金募集已经影响到了文化组织的管理。那些并未直接获得服务的资金提供者们对于所生产的文化产品种类也产生了兴趣。因此,资金募集同样影响了文化组织的营销策略。

在过去,艺术和艺术家的经济资助主要由皇室或教会所提供。在16~17世纪,皇室、教会与艺术家之间的关系并不是以利他主义为基础,而是为了把艺术运用于政治和宗教的目的。艺术在过去被用作显示权力和财富的一条途径(Hogwood,1977)。

随着城邦和政府实体接手为文化组织提供资助,这种关系依然大致未变。艺术被用作各敌对城邦展开竞争的手段。高质量的作品或者为受众服务并不是它们的目标,而是为了在竞争中取胜。这一点在今天依然没有多少变化,尤其是在考察位处国际各大都市的文化组织筹资融资问题的时候。在对这些组织给予资助时,各城市政府通常更多地是为了吸引游客和大公司总部,而不是为了艺术本身的推广。

公共资助的理由

关于政府资助艺术的做法,传统的根据是它有助于改善世界。但是,这种看法已经越发难以为纳税人所接受。因此,强调的重点已经由一般性的社会效益转移到更加特定的效益(McMarthy et al.,2004)。据认为,政府应该把纳税收入用于资助文化,因为文化组织可以补充中小学教育。另一条理由是,文化组织可以为社群提供经济和就业效益,也可用作城市形成的聚焦点。赞同政府资金资助的理由还包括文化组织在社群中的地位不断提高。但是,传统的看法依然存在,即艺术应该由政府资金资助,因为文化属于文明熏陶,这种看法是有关呼吁资助足球馆建设的观点所无法匹敌的。

巡回式博物馆的需要:一处定所

"吉他博物馆"(the Guitar Museum)一直巡弋于美国各地,以寻找定所。最初的计划是确定一个永久性场馆,但却难以寻得资助。五年前,该组织决定在路边进行展出,以寻找某个愿意资助建立博物馆的城市。展出在现有的各博物馆进行,并且成功吸引了大量参观者。它属于"传递式"的博物馆,因为吉他需要用来弹奏。这种互动活动使得展出更加大众化。然而,即使在路边取得了成功,"美国博物馆联盟"的主席却告诫说,对它来说,构建单独博物馆依然还为时过早。

比格斯(Begos,2012)

政府对于文化组织的压力

在从事艺术创作与负责作品展示的两类文化组织之间,历来就存在着矛盾(Bhrádaigh,1997)。其实,对于艺术来说,这种在创作方面出现的冲突有时是不可避免的。围绕着艺术的含义、定义和展现方式,文化组织的工作者们时常会形成不同的观点。例如,针对应当如何进行表演的议题,组织内部时常会意见不一;而围绕着导演的观点,也会出现激烈争论,在管弦乐团的节目演奏方面会出现争议,对于新的剧作家之见解也会褒贬不一。这些压力依然存在于艺术和文化天地。一旦在所要展现的艺术方面达成了共识,公众就会认可这类决定。他们也许并不认可而不会出席,但这并未构成一个值得关注的严重问题。公众和作品之间可能并不相互吻合,因为文化组织的收益无须仰仗消费者。

相反,文化组织过去依赖的是政府资助。大多数国家都制定了完备的政策,即政府必须资助艺术,但却不应该干预有关艺术创作和展现的决策过程。文化组织希望,它们理应获得资助,但却无需应对问题和建议。这种传统的"正常"资助政策已不复存在。现在,当文化组织接受政府资助时,它们越来越需要承受回应公众的压力。这种压力的成因在于,政府认为,如果要让纳税人提供资助,文化组织就应该承担某些义务,包括确保所展现的艺术作品能够引起公众的兴趣。文化组织也许认为,艺术对于所有人都有益处,同样成立的是,高端艺术的出席者大多是高收入者和受过良好教育者。现在,文化组织必须注明自己不仅关心所有人,而且会积极主动地采取步骤鼓励人们的参与。

非营利身份的含义

除了需要继续关注融资,文化组织属于非营利性这一点也会对其管理功效产生负面影响。其中之一是,由于缺乏营利动因,人们不易衡量文化组织的成就。通常的营利目标可以使公司很快知道自己是否取得了成功,即使公司宣称其目标在于满足消费者,但实现这一目标与否却仍是由收益水平所衡量。毕竟,如果消费者未能得到满足,他们就不会购买产品。

衡量目标的意义

因为营利并不是文化组织的目标,在制定目标和确定是否实现了目标方面,将会存在一定的困难。各文化组织的一个共同目标就是向公众展现某种艺术形式,由此可以丰富社会生活。这是一个值得赞赏的目标,但却不易予以衡量。

如果社群对某种艺术形式反应冷淡而未能从中受益,文化组织会认为,应当由公众而不是自己对艺术使命的失败负责。其实,对某些文化组织而言,缺乏消费者反倒被看作一种成功的标志,因为它表明自己严格地遵循了艺术标准。无疑,文化组织也许认为,大部分公众由于水平太低而无力欣赏它们的艺术形式。如果文化组织的收益来源与消费者无关,这种结果无法令人满意,因为文化组织在制定目标时没有顾及公众的需要。

外部压力

如果依靠的是其他资金来源而不是收益,文化组织就很容易受到政治压力和其他外在影响。文化组织可能受到来自托管委员会的压力,它们也是主要的赞助者,以及必须根据难以触动今日观众的方式去展现艺术。或者是来自政府方面的相反的压力,为了增加受众而采用文化组织认为不恰当的方式去推广艺术。如果文化组织必须仰仗筹资,就有可能受制于各特殊利益集团的不同意见,无法自主地进行必要的调整。

财务含义

文化组织的非营利身份还具有财务含义。由于没有超额收益,文化组织能够用于激励员工的财务手段也就有限。这就导致员工们对于客户的要求反应冷淡,因为增加上座率对他们来说并没有什么好处。由于薪酬预算有限,文化组织不得不依靠志愿者。但是,这种做法的薪酬支出虽然较低,但在管理志愿者方面所需花费的时间和努力却会大大超出对于付薪员工的管理。再者,由于文化组织无力给管理者支付与生意相匹配的薪酬,故而难以争取到顶级人才。

非营利身份造成的最后一种限制条件是,文化组织难以为不断提高的技术成本构建现金储备。如果伦敦西区或纽约百老汇的艺术创作采用了昂贵的特别技术,受众就会期待当地剧院也能够如此,而后者却无力提供这些技术。博物馆同样面临了这种挑战,因为参观者不再乐意被动地观看展览,而是想要借助最新的技术运用参与其中。

定价问题

文化组织很少进行价格竞争。事实上,它们不愿使用价格这一说法,而是使用费用、捐赠、礼品或赞助等。某些文化组织或许认为,它们不应该就产品而收费,因为应该让所有人都能够接触到它。但是,就收费来说,存在着三条很好的理由。第一,文化组织需要收益,尤其是在经济不景气的时候。第二,价格会影响人们的行为。如果产品需要支付,他们的消费就会比免费品更加细致和周到。第三,价格的制定能够为产品的使用留下财务记录(Burnett,2007)。

价格和收益的关系

文化组织有时可能会错误地理解产品和收益的关系,如果有所考虑的话。价格是对于产品所索取的费用。如果价格乘上销售单位数目,就可计算得到总收益。这种简单的计算会造成误解。表面看来,如果价格提高,总收益就会增加。当然,情况未必总是这样。因为,价格的上涨可以被销售单位的减少所抵消,因为某些人可能不愿支付提高了的价格;另一方面,价格下降则似乎能够提高收益,因为会有更多的人问津。但是,文化组织需要谨慎从事,因为以低价出售的每一张门票都可造成收益损失。由低价销售所增加的门票销量可能无法弥补低价带来的收益损失。因此,必须仔细地衡量门票价格的变化状况。

免费未必总是好事

人人都喜欢免费品,如果文化产品是"免费的",所有人都会欢迎它!这一点构成了对文化产品不收费的理由。当人们可以免费获得某种东西时,大多数人都会选择接受。然而,"产品是免费的"这一点并不能使人们赋予其价值,甚至可能产生相反的效果。当英国决定所有博物馆都实施免费时,参观量急剧上升。但是,这并不意味着人们都急于参观博物馆。在新增的参观者中,有2/3的人是在过去参观过的人。在英国,当把戏剧表演的免费门票提供给年轻人时,只有8%的客户是初次访客。产品免费还会造成两个问题。第一,它会传递文化产品不具备值得收费之价值的信号;第二,一旦人们获得了免费产品,他们就会期待在未来能够获得更多的"免费"产品。

贝克和若瑟(Baker & Roth, 2012)

非价格竞争

大多数文化组织并不是通过定价方式进行促销,而是采用非价格竞争策略,强调的是产品质量。这也是那些出售特色产品的营利组织的做法,因为它们的产品没有什么替代品。由于无法找到其他类似产品进行价格比较,消费者通常会把标价看作正确的价格。但是,这并不意味着他们乐意支付这种价格。对于这种拒绝购买的情况,文化组织的反应通常是降低价格,因为它们认为消费者无力承担出席活动的费用。然而,拒绝购买通常是因为产品被认为是价值不够,而不是因为缺乏资金。事实上,降低价格可能无法激发购买,而是会产生相反的影响,因为它传递的心理信号是产品的价值不如价格。

定价方法

即使文化组织无力直接从消费者那里筹得资金,它们仍然必须把握三种定价方法,也就是成本、竞争和品牌。它们还必须知道价格在消费者出席决策中所起的作用。

成本定价法

在考虑定价方式时,营销必须面对的首要问题之一是产品的实际生产成本。就营利性公司而言,对产品的索价至少需要能够弥补生产成本;如若不然,公司迟早会破产倒闭。因此,公司必须能够制定足以弥补成本的价格,而且能够产生利润。这种利润可以重新投入到公司,用作弥补未来的成本,或者支付给员工、公司所有者或者股东。

仅仅依靠销售收益,作为非营利者的文化组织甚至无法弥补创作成本。即使能够如此,由于其非营利身份,所有超额收益都必须重新投入到组织中。这并不意味着,制定可以弥补成本的价格对于文化组织无足轻重。毕竟,从销售中赚得的资金越多,组织用于筹资的时间和钞票也就越少。

确定了各项固定成本和变动成本,就可算出生产成本。任何一个组织的固定成本是那些必定会产生的成本,无论是否进行生产。例如,即使演出公司没有演出活动,它仍然需要为剧院支付租金或者按揭还款。固定成本还包括生产设备费用,无论它们是租用的还是购置的。例如办公设备,包括计算机和复印机在内,以及某些特殊设备,诸如剧场和画廊的专用照明设备,这些都属于固定成本。长期拥有高档办公室、画廊和剧院,必须能够弥补高额的固定成本。这正是小型文化组织必须三思而后行的缘由所在。必须弥补的另一种固定成本是行政人员。即使在没有演出或者展出时,组织的运作也需要这部分人员。因此,行政人员队伍越小,组织对于产生收益的压力也就越小。

文化组织一旦确定了其各种固定成本,下一步就是计算变动成本。变动成本与文化产品的生产直接相关。文化产量越大,变动成本总额也越大。对于演出公司来说,变动成本或为戏剧版权费用,每场演出都需支付一笔费用。演员们的成本也属此类成本,因为演出次数越多,这方面的成本也就越高。画廊的变动成本包括举办特定展出的成本。对于每一文化组织和组织内部每一种产品来说,变动成本通常有所不同。

如果能够确定所有固定成本和变动成本的总额,文化组织就可使用盈亏平衡公式,计算为了弥补成本所需售出的门票数量。计算过程如下:

$$盈亏平衡点=固定成本/(单价-单位变动成本)$$

首先，从门票价格中扣除观众人均活动费用。然后将门票价格的余额用以弥补固定成本。只有在固定成本得以弥补之后，文化组织才能有利可图。如果它认为自己无法售出那个数目的门票，那就存在两种选择。要么提高门票价格，或者削减文化活动的成本。

然而，即使对于营利性公司来说，也不易确定某种服务产品的成本，因为变动成本不易确定。如果组织生产的是诸如桌子之类的实物产品，则比较容易使用上述公式，因为其变动成本是木材价格和制作的劳动成本。

免费不仅意味着满座

在美国的明尼苏达州，通常的做法是，把某些座位指定为免费的。在"混血剧院"（the Mixed Blood Theatre，位于明尼苏达州明尼阿波利斯的一个专业的多民族剧团。——译者注），只留有少量门票出售，大多数座位在开演之前两小时都可免费获得。被称为"激进的款待"（Radical Hospitality），也取得了激进的效果。那么，剧院是否会赔钱呢？确实如此，但是他们可以通过其他途径获利。他们可以增进捐款收入以弥补门票收入损失。他们把受众人数提高了18％，吸引了更多不同年龄、族群和收入的受众。"激进的款待"做法所吸引的观众中，有47％在30岁以下，30％为有色人种，33％的年收入在25 000美元以下。此外，36％为新观众，除了上座率增加，新的赞助者数目也是改变定价策略之前的3倍。

竞争定价法

糟糕的是，由于不易计算艺术作品的实际生产成本，某些文化组织认为确定价格的唯一可选方法是任意选择某个数字。但是，还存在着其他定价方法。最简单的方法之一是把文化组织的竞争对手作为参考对象。这种定价方式假设，消费者拥有参与文化活动的财力，所以将根据其他方面的考虑而非价格来决定是否参与。只有在价格与其他竞争性产品差异较大时，它才会获得关注。

文化组织必须了解消费者所能接受的价位。由于智能手机软件可对价格进行比较，消费者立刻就能将某个文化组织的票价同其他竞争者进行对照。区域性的软件可以提供各种信息，包括价格和有关周边竞争者的信息，这些软件同样也能体现文化组织的价格是否具备竞争力这一点。在营利性零售行业中，运用这些软件提供信息的做法已是非常盛行，它无疑也可为非营利组织所采纳（Solis，2012）。对于即将举办的文化活动，文化组织可使用移动定位服务提供价格折扣。如此行事可以吸引那些在过去难以企及的受众市场，并且培养现有消费者的品牌忠诚度。

为了把握这种定价理念，文化组织应该考察区内其他相似组织的价格，还应考察其他竞争性休闲活动的价格。这意味着，文化组织的价格应该与影院票价或俱乐部晚会票价保持一致。有些文化组织也许认为其竞争者属于比较昂贵的晚间活动，比如晚餐和舞会；即便如此，它依然不能忽视成本。文化组织能够索取的价格越是高于足以弥补所有成本的理论价格（盈亏持平价格），其筹资的灵活性也就越大。

品牌定价法

还有第三种定价方式。在推销其产品时，文化组织通常关注的不是价格，而是它所能提供的效益和质量。在定价时，它们考虑最多的是确保价格能够与竞争者的索价相互匹敌。然而，对于某些艺术活动来说，即使不参照竞争者的索价也无关大局。这些组织的产品属于特色产品，鲜有可以替代的产品。倘若如此，文化组织就可制定高价而且仍然能够吸引受众。这类活动的例子包括印象派艺术的盛大展出，以及歌剧明星的演出。首演开幕夜的资金募集活动也是其例。

对于这些文化活动，消费者乐意支付高价，因为他们知道自己能够有缘消费某种难得的产品。此外,出席此类活动还能给他们带来荣耀感。

各种定价方法的结合

当然,文化组织的产品定价方式并非只有一种。在决定茶点的收费标准方面,可以采用成本定价法,因为它无意用筹款去补贴茶点。然而,它必须把握酒吧员工的固定成本和茶点的变动成本,而索价甚至可以高于盈亏持平价位,帮助弥补文化产品的生产成本。这一点同样适用于其他相关产品,例如所出售的咖啡杯和汗衫。再者,对于常规门票或管理费,文化组织可以采用竞争性定价法,针对特色活动采用品牌定价法,从而尽力增加销售收益。

差异性定价法

把各种定价模型予以结合的一种方式是,针对不同的客户群体、不同的时间和不同的地点采用不同的门票或入场券。对于学生和老年人可以给予价格优惠,也可实施家庭门票优惠票价,以便增进这些群体的参与率。

多种定价方式并用,以促使人人购买

文化组织如何制定价格呢?通常采取的是遵循惯例的方式。但是,如果不了解客户的动因,也就无法确定定价方式。某些人对于文化估价很高,愿意支付高价。保留一些高价门票的做法,可以确保在高价位上仍有余票可售。其他消费者或许只愿支付较低的票价,这一点与他们的支付能力无关。低价门票可以确保他们的出席。如果门票价格既不过高又不过低,那就意味着消费者对产品不感兴趣,而不是定价策略存在问题。

拉森(Larson,2011)

根据公众对于文化活动的不同需求,也可运用差异性定价法。例如,如果博物馆在星期四的访客较少,则可降低价格以吸引访客。如此行事的原因在于,无论有多少人前来参观,博物馆开放的固定成本都没有变化。因此,无论参观者的数目增加多少,即使是门票价格降低,都将有助于弥补成本。对于白昼和晚间,文化组织也可制定不同的票价。在需求平平的时候,可通过降价来创造需求。

产品推出定价法

关于定价方式的另一种理念是,应该根据产品在其生命周期所处阶段进行价格调整。所有产品都会被引入市场,逐次通过稳定增长阶段、成熟阶段和衰退阶段。如果它们被目标细分市场所接受,随着购买者的不断增加,产品就进入了增长期。一旦产品在市场上盛行一时,处在目标市场的大多数人都会知道它的存在,进而决定是否购买。然后,产品进入成熟阶段。与此同时,其他带有竞争性的产品将不断地被引入市场。如果它们对于目标细分市场更具吸引力,最初产品的销量就会下降,从而步入衰退阶段。

撇脂定价法(Skimming Pricing)

如果新的产品被引入市场,它所遇到的竞争将会较小。因此,文化组织可以而且必须制定高价,原因在于人们将愿意对那些没有竞争品可作价格比较的产品支付高价。如果文化组织能够有效地宣传产品所具备的各种新奇特性,那也就能够向消费者解释产品为何具有高价,以及他们为何应该愿意支付高价。如果产品是新型的,为了弥补研发成本,文化组织就必须索取高价。例如,当"苹果"公司最初引入平板电脑 iPad 时,索价就很高。但是,某些消费者仍然愿意立刻高价购买。"苹果"公司并没有欺骗消费者,因为没有谁少了 iPad 就无法生活。此外,"苹果"提高销售收益,意在弥补的不只是某种新产品的开发成本，而且还有新技术的开发成本。由于某些人不愿意支付高价，"苹果"公司随后则推出了低成本的 iPad。随着产品经过生命周期的各个阶段，其价格也会下降。

渗透定价法

然而，文化组织有时会采用一种不同的方式给新产品定价。如果新产品所进入的市场已经竞争激烈且相当拥挤，文化组织就难以制定高价。为此，它必须采用所谓的"渗透定价法"。根据这种方法，文化组织试图通过低价而从竞争性产品那里争取客户。毕竟，如果消费者喜欢竞争性产品，为何还要来购买我们的产品呢？一旦消费者的购买动因是价格较低，而且产品优于竞争者，就可提高价格。

按能力支付还是按意愿支付

各剧院通常顾虑的一个问题是，人们可能因为付不起门票而无法出席。因此，它们尝试了"按能力支付"的方案。其中一些与特定的时间和日期挂钩，诸如英国的"三轮车剧院"(Tricycle Theatre)在每个周二晚场和周六日场提供这种票价优惠。为了确保它不会被那些能够支付得起但却不愿支付者所利用，这一方案仅限于那些适合价格优惠者。在"河边制片厂"(the Riverside Studios)，优惠方案适用于所有人，但仅限于试映。位于英国汉普斯特德(Hampstead)的"新成果"(the New End)剧院则更进一步，每场演出都对所有人提供相同的优惠。但是，这种票价方案之所以能够行得通，是因为演员们只拿半薪，而导演则是免费工作。吸引人们是一个很好的想法，但若没有外部融资则无法成为一个可靠的商业运作模式。

剧院论坛(Theatre Blog, 2011)

降低客户的价格敏感度

有些购物者热衷于讨价还价,会在网上、类似店家和购物优惠券方面搜寻最优惠的价格。但是,当经济情势不佳时,更多的消费者会计较价格。可以认为,如果消费者觉得自己有钱,就不会过多看重文化活动的票价。然而,如果他们正面临着失业之虞,顾忌退休后的收入水平,或者根本就无法找到工作,则会搜寻便宜商品。运用一些方法,文化组织可以降低其目标细分市场对于价格的敏感程度,包括产品差异化和补充性产品定价法,以及降价促销等。

产品差异化

在消费者眼中,一些文化产品基本上是相似的。他们也许认为,拥有明星的合唱乐团与当地业余合唱队并无多少差别。他们当然知道明星表演者的水平更高,但是由于票价也更高,他们会乐于选择观看当地演员的表演。文化组织应该向消费者解释它的产品为何、如何具有特色以及物有所值。为此,它可以允许消费者在购买之前先做一番体验,譬如通过网上音乐文件;或者,如果这种渠道是独一无二的,文化组织还可以提供网上漫游的机会。文化组织必须通过某些方法向消费者们证明,它的文化产品优于竞争者,因而物有所值。

补充性定价法

商界历来有一种看法,那就是,先是漫天要价,然后再提供一些免费物品。个中含义是,如果产品中某个因素的定价偏低,消费者就不再会过于计较那些定价较高的因素。如果把顾客的免费停车场费用包括在音乐会的票价内,人们就更加乐于支付全额票价。即使在正常条件下,这一点同样成立,因为他们自己也需要车位。为客户提供车位可以抵消高额票价。这一点同样适用于那些价格打折的点心或者礼品店。

价格促销法

各种价格促销方式也是有助于降低客户价格敏感度的策略。其中一种就是简单的价格打折，它不同于永久性的降价。鉴于永久性的价格变动会对销售额产生很大的影响，文化组织应该转而启用临时性的调价。此举可通过电子邮件和文字材料发送打折的要价而实施。在当地旅店，可以根据较低的价格赎回优惠券。"二换一"的要价方式可以有效地刺激上座率。捆绑定价法就是把一些原先分别定价的物品以统一的价格销售。例如，剧院可将戏剧和剧间点心一道定价。画廊展览则可涵盖入场费和小册子。捆绑定价法并不意味着第二项产品是免费的，而只是价格略低于通常的水平。对于消费者来说，捆绑定价法比单一定价法显得更加实惠。

资金的筹措

筹资包括个人馈赠、各种基金会和政府机构等销售收入来源的赠与。在文化组织中，筹资通常位处一个单独的部门，因为它需要一些具备特殊的技能者。这一点在充满挑战性的环境中尤其如此，因为不易把握应该如何去寻得资助。但是，即便资金吃紧，人们也依然有理由继续支持文化组织。人们愿意资助自己社区中的文化组织，因为文化组织可以营造出特色(Frederick, 2010)。

集腋成裘

相对于拥有大笔款项者的人数而言，更多的人只是持有小额的钞票，而发展者的目光却几乎总是压倒性地关注富人。众筹(crowd funding)是把握其余人群的手段,它既是一种向人们争取资金的方式,又是一条让公众来掌控预算的途径。如何行事呢?让人们对是否应该采纳某个项目发表意见,包括让他们在网上发表关于某个文化活动的见解,以及它应该花销多少等。公布筹资的具体时间进程表,通过网上链接,人们可以随意捐助。持续地更新筹得的金额和时间进度。如果预算金额在预定时间内实现了,项目得以继续下去。如果预算无法实现,则项目就难以成功。

罗斯勒(Rothler,2012)

筹资通常被看作不同于营销的另一种职能,两者间其实存在着某种非常强的相关关系。它们都致力于构建人际关系,唯一的差别是筹资所关注的人数较少一些。那些赞助艺术活动的人大多也会出席相关的活动,但是并非所有的出席者所贡献的金额超过门票成本。

筹资活动必须详细地说明文化组织如何通过项目规划和活动来实现其使命,而这些同样也是营销部门所要构建和推广的项目和活动。社交媒体是可用于吸引馈赠的完美平台,尤其适用于年轻的小额赞助者。可以采用的方式就是简单地在文化组织的网页上设置一个"现在赞助"的按钮。文化组织还可以在"脸书"上设置"链接页面"(Causes pages),通过个人关系筹资(Kanter,2010)。

公司赞助问题

由于筹资变得越发困难,文化组织已不再仅仅指望从政府那里获得资助。公司赞助已变得越发重要。文化组织和公司可以协商制定某一互惠的协议。文化组织可以提高公司的知名度以及其他效益,诸如公司员工和客户的娱乐选项。作为回报,公司可以提供资金和其他资助。文化组织中并非所有人都认可这种艺术与生意的合作;有些人则认为这种合作有可能玷污文化组织的使命。还有一些人则认为威胁在于，如果由公司赞助艺术，公司就会对展示什么样的艺术提出要求。

虽然存在着这些担忧，政府对于文化组织的资助已经减少，而公司资助的份额却在增加。由此形成的赞助不仅应该看作获得资金以弥补经营性支出或某些特定文化项目的费用，而且应该被看作两位伙伴都可获益的合作关系。鉴于目前的经济下行状况，大多数公司都在勉力求生，或许没有更多的资金资助非营利性活动，但是合作伙伴关系却能够引起极大的兴趣，因为这将有助于公司获得和保持客户（Alexander，2005）。

对于公司的效益

文化组织能够为公司提供的效益无疑包括使得后者能够接触到自己的受众。公司对于接触组织的受众感兴趣，原因在于他们是由高度热衷于追求文化"创造"目标的群体所构成。这个群体的收入很高，并且乐意在确定自身形象的各种途径上花费钞票。这就使得他们尤其能够吸引那些出售奢侈品和高技术产品的公司。

当然，公司还希望利用门票显示公司的慷慨热情和公司所有员工的福利。为了提升公司的品牌和形象，公司也希望文化组织的字幕和节目上能够显示公司的名称或者标志。最后，文化组织也可提议在它们的场所、展出中或活动中展示公司的活动。

如果签署了长期资助协议，公司或许就想把形象与文化组织更加紧密地联系在一起，即在董事会中占据一席之地。它们也可能邀请文化组织的员工和艺术家们参观公司的工作场所，以便增进相互关系。此类访问包括展出和节目表演。其理念还在于，艺术创造热情可以促进公司员工的创造性，或者直接增进公司的形象。

对于文化组织的效益

文化组织同样必须确定它想从资助安排中得到什么东西。它可追求的远远不止于资助，所以应该把组织的文化营销战略与更多的潜在效益联系在一起。就像公司可以利用文化组织提升自己的形象，文化组织同样可以"搭乘"（piggy-back）公司的形象。选择某个为受众群体所熟悉的公司有助于文化组织为自己的产品定位，因而得以从这种合作关系中获益。正像公司可以获益于接触到文化组织的受众，相反的情形也同样成立。文化组织可以获得公司的客户名单和公司员工。

即便是长期的合作关系也未必能够使得文化组织在公司董事会中占有一席之地。但是，文化组织能够极大地获益于公司员工所提供的各种专长。例如，公司的营销部门能够支持开发新的促销理念。与此相似，战略规划部门也能帮助文化组织确定自身的各种长期目标。

公司会员制

公司资助的传统做法是由公司提供资金或者类似的资助；作为回报，公司的名字将在网站上或节目中得以突出地（随意地）显现。一种新型的做法是，让公司作为文化组织的"成员"而加入其中。根据这种安排，公司由双方关系中的被动者转变成了主动者。

会员协议是双方商定的契约式协议，列出了可以提供的各种效益。时间跨度多为一年，且便于更新。对于公司索取的会员费则可为文化组织提供某种可预测的收入来源。作为回报，文化组织为公司提供各种"追加值"效益，包括为公司提供公众活动的保留门票，以便它们满足自己的客户之需要。利用公司活动的地点，文化组织还可以安排旅游套餐。对公司来说，会员制还包括了其他无形的效益，诸如接触到艺术创作者和组织管理者。

总　　结

大多数文化组织都是非营利性的，这使得它们无须以税收形式向政府缴纳部分销售收益。虽然无须缴税，非营利的身份却令它们比较难以确定文化组织是否能够完成其使命。即使文化组织的维系无法依赖于来自客户的销售收益，它仍然必须了解各种不同的定价方式，以便尽量降低对于筹资的依赖程度。成本、竞争以及品牌等定价法可以根据文化组织和活动的不同而结合使用。在把某种产品引入市场时，也可使用各种不同的定价法。在经济萧条时，文化组织必须通过各种方法鉴别那些可能会觉得定价过高者。文化组织可以邀请公司成为资助者或者成员。

参考文献

Alexander, G. Douglas. 2005. *Essential Principles for Fundraising Success: An Answer Manual for the Everyday Challenges of Raising Money.* San Francisco: Jossey-Bass.
Baker, Tim, and Steven Roth. 2012. "Free is a Magic Number?" artsmarketing.org. June 15.
Begos, Kevin. 2012. "Guitar Museum Travels the US, Searching for a Home." Yahoo News. July 7.
Bhrádaigh, E. Ní. 1997. "Arts Marketing: A Review of Research and Issues." *From Maestro to Manager: Critical Issues in Arts & Culture Management.* Dublin: Oak Tree Press.
Burnett, John. 2007. *Nonprofit Marketing Best Practices.* Hoboken, New Jersey: John Wiley & Sons.
Fredericks, Laura. 2010. *The Ask: How to Ask to Support for your Nonprofit Cause, Creative Project, or Business Venture.* San Francisco: Jossey-Bass.
Garecht, Joe. 2012. How to Motivate Your Board to Raise More Money. *The Fundraising Authority.* July 30. http://www.thefundraisingauthority.com/strategy-and-planning/how-to-motivate-your-board/.
Hogwood, Christopher. 1977. *Music At Court.* London: The Folio Society.
Jackson, Sharyn. 2012. "Free Admission is Just the Ticket." StarTribune.com. June 23
Jenson, Joli. 2002. *Is Art Good for Us?: Beliefs about High Culture in American Life.* Lanham, Maryland: Rowman & Littlefield.
Kanter, Beth, and Allison H. Fine. 2010. *The Networked Nonprofit: Connecting with Social Media to Drive Change.* San Francisco: Jossey-Bass.
Larson, Kara. 2011. *Pricing Strategies to Attract Audiences and Keep Them Coming Back for More.* September 14. http://artsmarketing.org/resources/article/2011-09/pricing-strategies-attract-audiences-and-keep-them-coming-back-more.
McCarthy, Kevin F., Elizabeth H. Ondaatje, Laura Zakaras, and Arthur Brooks. 2004. *Gifts of the Muse: Reframing the Debate About the Benefits of the Arts.* Santa Monica, California: Rand Corporation.
Rothler, David. 2012. *The People Formerly Known as the Audience: Participating and Crowdsourcing in Arts and Culture.* January. http://www.scribd.com/doc/97334222/

Crowdsourcing-Culture.
Raymond, Susan Ueber. 2010. *Nonprofit Finance for Hard Times: Leadership Strategies When Economies Falter*. Hoboken, New Jersey: John Wiley & Sons.
Solis, Brian. 2012. *The End of Business as Usual: Rewire the Way you Work to Succeed in the Consumer Revolution*. Hoboken, New Jersey: John Wiley & Sons.
Theatre Blog. 2011. Pay What you Can: How Low Can you Go? *Guardian UK*, August 17.

第 10 章　营销信息的推广

当被问到如何给营销下定义时，人们通常会将其描绘为产品促销。然而，把产品推销给消费者其实只是战略营销过程的最后一步，而不是第一步。若要促销能够取得成效，文化组织首先必须了解外部环境及其影响市场的方式。它必须接触目标细分市场客户，以便确定他们希望获得的各种效益。它还必须了解如何包装产品，以便涵盖这些效益，还需正确地定价和找到恰当的分销途径。只有完成了这些工作，文化组织方才能够启动完整的促销活动。现在，文化组织已经了解到需要同谁对话以及说些什么内容。基于这种知识，文化组织就能够设计出可以打动目标市场的营销信息。

一旦制定了信息，文化组织就需要确定如何实施交流。可以选择的方法包括制作广告、销售优惠、个体销售、公共关系和社交媒体。目前的趋势是运用整合性营销交流技术（IMC），即运用一种以上的营销手段和传媒传递相同的信息，从而增加信息能够为人们所知悉的机会。

营销信息

文化组织明白，自己需要与大众交流有关产品的信息；而为了筹集资金和宣传自身，同样也需要进行信息沟通。所有这些信息都具备相似之处，它们都是以公司的使命为根据，表明文化组织所能提供的各种效益。一项关于非营利组织的调查发现,28%的文化组织感到自己没有足够的时间去设立交流策略,而22%的组织表明,就算时间充裕,它们也没有资金实施营销策略(Durham,2010)。但是,除非制定和实施了营销策略,否则文化组织难以在今日十分拥挤的市场上参与竞争。

鉴于大多数文化组织都以为所有人都会对自己的特定艺术形式感兴趣,它们历来都借助于广告传播一般性的营销信息,即只提供有关文化产品特征的信息,诸如节目类型和艺术家身份等。它们以为,消费者很容易被打动得出席活动,以及知道可以获得的效益。这类促销信息所能沟通的只是消费者的智力而非情感。

然而,鉴于社交、娱乐之类的效益大多都带有感情色彩,有效的促销信息应该在智力和情感两个方面都能够与消费者实施互动。文化组织的营销项目大多都旨在向已经前来问津的消费者推销自己将能提供的节目;其中所蕴含的假设条件是,这些消费者已然了解与产品相关的各种效益。但是,如果想要针对那些并不(或不够)了解产品的消费者开展营销,宣传产品的特征未必有多少意义,因而也难以引致他们的光临。

纯粹提供有关产品细节的促销信息无法充分地利用资源。这些信息通常属于只是能够使得许多文化组织工作者自己感到舒适的"非营销"信息,因为看上去它们并非在做"销售"。这类信息预先假设消费者已经明白其应该出席活动的理由,所以并没有向他们提供关于出席活动之效益的信息。然而,恰恰也正是这种关于特定效益的信息才能打动新的消费者。

交流项目

所有的促销活动都应该服务于非营利组织已经实施的较大交流项目(McCleish,2011)。鉴于消费者们能够从各种交流渠道获得信息,单独某一条促销信息并不会引起和保持他们的注意。当然,文化组织可以实施交流的途径包括促销信息和新闻发布,以及提供给利益相关者的有关过去一年业绩的年度报告。针对特定的项目,则可开展特殊的交流。可以采用持续更新的方式营造新闻栏目,告知公众有关已经完成的事宜和未来的计划事宜。这些交流的设计可以针对心目中的某个特定的目标细分市场板块。公众集会和活动同样属于这一广泛交流过程的组成部分,而促销只是其中的一部分内容。

创新的扩散

消费者们尝试新产品的意愿各有不同(Rogers,1962)。如果要向现有受众引介某种新的产品,或者是向新的受众推荐某种现成的产品,文化组织必须明白在激励人们尝试新事物的内在困难。因为许多人都不愿意承担风险。在推销某种新的文化产品时,根据人们属于厌恶风险者还是乐于冒险者,文化组织需要不同的推广信息。根据人们尝试新产品的意愿,依据创新扩散理论而把他们划分为不同的群体。

避免下列错误,提高促销邮件质量

通常,我们会向征订客户发送电子邮件,然后期待他们①能够收到邮件,②能够阅读邮件。下面所列的是能够确保这一点得以发生的7项举措。

1. 针对不同的兴趣者拟定邮件,使得收信者更有可能进行阅读。

2. 检验不同风格(朴实的和奇特的)的邮件,看看收信者更喜欢哪一类。

3. 向退订者了解其缘由,因为此类信息有助于改善邮件营销方式。

4. 确保自己的要求简单,即每个邮件只推荐一项行动。

5. 邮件所应强调的是自己产品所能提供的各种效益,而不是产品的特征。因此,在标题中就应表明邮件中的信息将如何有益于收信人。

6. 邮件并非越多越好,所以不要向收信者大量地发送邮件,否则他们根本就不会阅读。

7. 确保邮件可在移动通信设备上阅读。

格拉汉姆(Graham,2012)

创新扩散理论[①]

类 型	百分比(%)	特 征
创新者	2.5	年纪较轻,经济实力稳定,受过良好教育
早期接受者	13.5	相似但人数更多的潮流确立者,了解艺术形式
先期客户群	34.0	追逐趋势者,中产阶级
后期客户群	34.0	追逐早期客户群,但比他们年长且更加保守
滞后者	13.5	可能但难以触及和激励
不问津者	2.5	感受到文化威胁,试图进行抵制

创新者

创新者群体,占人口总数的比例只有2.5%,指的是那些愿意率先尝试某种产品的人。他们寻求的是刺激,并且会被各种文化活动所吸引,诸如开幕式之夜、新的创作方式和高端艺术。因为拥有充实的财力,他们能够承担陌生事物蕴含的风险。由于创新者比较富裕且联系密切,如果亲身体验了的事物,他们就会口口相传,其他人将会乐于参与其中。

[①] 表中各消费者群体的原文分别是,"Innovator""Early Adopter""Early Majority""Late Majority""Laggards"和"Non-Adopters"。——译者注

早期接受者

仿效创新者的那些消费者属于早期接受者群体。他们属于确立潮流者,在人口学特征方面与创新者相似,但联系和知识程度不及后者,也不太会承担风险。他们之所以参与的原因是,获悉某个展出或表演属于大家都觉得凡"有见识者"必看。关键的一点是,这一群体对于文化活动感到满意;否则,对于文化产品的认可就不会延展到先前客户群和后期客户群这些更大的群体。

先期客户群和后期客户群

这两个消费者群体的成员大多属于中产阶级,而在做出决定时会采纳其他更富裕群体的建议。先期客户群会率先购买,后期客户群则会迎头赶上。

先期客户群不愿承担购买未知物品的风险,但是会因为传媒的影响而占据鳌头。如果看到早期接受者非常欢迎某个演出或者展出,他们就会出席。先前客户群与后期客户群的区别在于,前者更加年轻和富有。

属于后期客户群的人们更加相信朋友和邻居的话语,而不是社交媒体。只有在获得某种满意的体验之后,后期客户群才会被问津。这就意味着,文化产品的市场正在拓展。当然,处在这一时刻,创新者和先期客户群对于参与将不再感兴趣。

英国皇家芭蕾舞表演

你曾观赏过现场舞蹈表演,但是否知道舞台后面的故事呢?在过去,它或许带有几分神秘色彩。但是,英国皇家芭蕾舞团(the Royal Ballet)决定掀起舞台幕布,全天对芭蕾舞表演进行现场直播。大多数人并不了解创作一台芭蕾舞剧所需耗费的时间和精力。毕竟,它在舞台上看起来毫不费力。当天的表演实时地被传送到"YouTube"网站上。现在,皇家芭蕾舞团在YouTube上已拥有自己的频道。在那里,我们可以欣赏到各种对话、表演、彩排,以及一些介绍芭蕾舞创作过程的影带。

马克莱尔(Mackrell,2012)和英国皇家歌剧院(2012)

不断开拓市场!

澳大利亚悉尼交响乐团曾在中国进行访问演出,并且也具有来自欧美的管弦乐队。但是该乐团决定有所不同。作为其亚洲政策的一部分,它决定在中国安家而不只是作为访问者。与中国南方的广州签订了一项为期三年的合约,它在地理上比较接近但在文化上却比较遥远。除了演出,该合约还要求管弦乐队培训中国的音乐家,并且提供营销专长。在任何地方都会有最多的古典音乐听众,中国对于悉尼交响乐团来说是一个完美的新家。

塞恩斯伯里(Sainsbury,2012)

滞后客户群和不问津者

滞后客户指的是那些对于新的体验不感兴趣的消费者。事实上,他们或许对新的体验或许会感到厌恶而非刺激。滞后者对于剧院或博物馆会望而生畏,因为自己不知道在消费体验中将会发生些什么,而且可能会遭遇嘲笑。实际上,文化组织非常难以激励这个群体的参与。或许只有把文化产品带入他们感到适意的地点,才有可能与他们接触。

不问津者不仅是不感兴趣,实际上对于文化抱有敌意,因为其自我感觉和价值观会受到任何一种令其感到不快之体验的威胁。对于这个群体,文化组织所能期望实现的最多只是尽力消除这种敌意。非常重要的一点是,不要向他们灌输精英论的形象,因为这只会加剧他们的对立情绪。

促销信息和创新的传播

文化组织必须考虑其目标细分市场是否有可能会被新的产品所吸引，或是持观望态度。例如，如果打算举办新的表演或者新的展览，则在这种文化产品生命周期的每一阶段，文化组织或许需要针对不同类型的受众传递不同的信息。当产品还是全新之际，发布信息的目标应该直接针对属于创新者群体的特定个人。接下来，服务于后续表演的广告应该以早期接受者为目标。因为这一群体希望获得独特而增长见识的感受，广告信息应该表明，这种新颖和充满激情的体验正是为了他们这类人的观赏而制作的。

随着表演或展出的继续，文化组织就应运用由早期接受者发出的评论和意见，向先期客户群发送内容更加丰富的信息。最后，在促销活动的最后阶段，可以向后期客户群发布有关活动的广告，运用"你的邻居都已观赏并且很喜欢的表演"之类措辞。

促销工作和方法

我们可以把产品促销看作完成三类不同的工作，即告知、说服和提醒。告知型的促销只是向消费者说明产品的各种特征。这是促销信息不可或缺的一部分，但是它还不足以说服新的受众前来光顾。告知工作可以帮助引介某种新的文化产品。例如，在某位无名艺术家的视觉艺术画廊开幕时，就需要向公众提供有关画廊地点和这位艺术家的信息。

说服型促销旨在以出席活动所产生的各种益处打动消费者。当消费者还不太熟悉这种文化产品时，就有必要完成这类工作。发布信息的目的是，展现有关产品的各种事实以及为何应该进行消费的缘由。

提醒型促销专注于提醒消费者在何时、何地可以获得这种产品。针对那些已经消费过这种产品的客户，这种促销的作用最大。他们已经熟悉和欣赏产品的各种特点和效益。这种促销信息只需将节目的日期和具体时间通知他们。

现在，文化组织已经持有信息，它必须决定如何告知目标细分市场，而可行的方式包括广告、促销刺激、个人售卖、公共关系和社交媒体等。鉴于消费者面临着大量营销信息的狂轰滥炸，文化组织最好是尽量使用更多的方法传递自己的信息，以便确保得以获得了解的最大可能性。

促销传媒手段现在已被划分为传统和新型传媒两类（Foote, 2011）。传统的传媒手段诸如广告包括了直接邮购在内，成本较大。但是，广告仍然在传递组织的信息方面发挥着作用。新型传媒工具通常指的是社交媒体，即使它包括了其他一些较老的方法，诸如网站和电子邮件营销，两者都为文化组织所需要。

广告的制作

对于广告制作这一词语，大多数人立刻就会将它与促销联系在一道。虽然这两个词语时常被交换使用，但它们却并不相同。广告并不新颖，人们在庞贝的古城墙上就发现了将要举办角斗士比赛的消息，现代广告活动则始于广播传媒、电台和电视的诞生之日，针对庞大的人群进行广而告之。

广告制作或许只是可用于促销某种产品的诸多方法之一，但却可能属于最为能够引人注目的一种。广告被定义为购买以获得广播的非人际通信。事实上，广播本身有着优点和缺点。其优点在于，它属于能够被许多人看见或者听见的广泛传播手段。其缺点则出自于这样一个事实,它并非针对个人而量身打造,这就令它难以获得关注。今天,为了吸引消费者,广告活动必须与其他传媒手段争相获得关注。人们对于营销信息已经如此厌烦,通常会"予以驱逐了事"。

广告信息

小型文化组织没有多少钱可用于电视和电台的广告,但却仍有一些可以使用的比较便宜的途径,诸如在报纸、杂志、布告栏、传单和小册子上印制广告。静态的网上标语也可看作是广告制作。在设计时,它们具备与成功的纸面广告相同的、需要考虑的三个因素:(1)营销信息的制作必须采用便于记忆的措辞。(2)设计必须具备创意,能够吸引目标细分市场。(3)必须提供必要的真实信息,包括何时、何地以及何物在内。

可选的广告形式

广告似乎无处不在,从公共汽车的车票存根到座椅背面。在电梯间的视屏上,甚至在安置在地板的灯光和使用照明灯的墙壁上,我们都能找到广告。今天的消费者从各种传媒源头获得信息。由于这种"传媒的多重使命"特性,对于可选传媒手段的运用构成了广告活动的基本因素(Blakman,2011)。比较有创意的形式包括咖啡杯架、街旁艺术以及空闲的商店橱窗。

销售刺激方式

各个公司正变得愈发偏好的一种促销方式是销售刺激方式。它是一种用于刺激那些非购买者尝试新产品、增加现有客户的需求或购买频率的促销方式。通过营销信息,广告可以提供有关产品及其消费者效益的信息,而销售刺激则是传递营销信息加上某种促使即刻购买的特定刺激物。出于下列三点理由,销售刺激在促销方面已变得愈发重要:(1)可以细致地制定其目标所向,鼓励特定细分市场的消费,或者针对某项特定的艺术活动。(2)与广告制作相比,它们的成本较低。(3)某些方法,诸如竞销,使得文化组织能够获取消费者信息。

创造性是成功实施销售刺激式促销的关键所在。普通的销售刺激方式包括打折、折扣券、奖品、竞销和样品。然而,各营利性公司还采用了更多的销售刺激法,它们同样也可为文化组织所采纳。当然,我们需要借助广告和社交媒体宣传这些刺激物品的可得性。

他们或许不会看你的广告,但却想看你的视频

在2012年所进行的一项研究表明,普通观众平均每个月会花22个小时观看视频。当然,这并非坐在一个地方完成。事实上,普通人都在消费许多短的视频。基于这一现象,营利性公司会在网上公布关于自身产品的更多视频。文化组织同样应该考虑如此行事。让消费者观赏一段节目或者展览,这将有助于增加观众。

视频内容不应旨在销售文化产品,而是鼓励潜在的受众。YouTube并不是可以使用的唯一平台,虽然它是最为流行者之一。一旦视频放到YouTube上,就可把它与文化组织的网址和社交媒体网址相互链接。文化组织甚至可在YouTube上开设自己的频道。美国科罗拉多州的芭蕾舞协会就在其频道上公布了39段视频,其内容涵盖了关于本季度的表演消息、关于彩排的视频、各种庆祝活动,甚至包括如何塑造古典芭蕾的发型在内。

谢尔顿(Sheldon,2012)和科罗拉多芭蕾舞频道(2012)

打折

打折就是短暂减价。若需求不足或是为了向消费者引介某种新产品,此举有助于提高上座率。人人都乐于享受买卖合算的感觉。即

使是高收入者也乐于觉得自己属于聪明的消费者。由于提供了"现在就买"的足够理由,打折还可以增加购买过程的刺激感(Hine,2002)。打折的一个例子是,在有限时间内,购买第二张门票只需支付原价的25%。可以设计和宣传这种打折,或是将它结合到某个艺术活动售票不畅时的最后一刻。如果消费者以全额支付比较知名的表演票价,对门票进行打折则可促进那些不太知名的新型艺术活动的销售。

其他的点子包括,当上座率不高时,在一定时期内的季节性打折,诸如节假日。在母亲节、圣诞节或其他任何特定机会,可以出售打折礼品凭证。在夏季,则可针对游客制定打折价格。再者,为了增加上座率,还可向各种俱乐部、服务机构或者教堂提供团体性折扣。

优惠券与打折相类似,但通常采取印刷或者电子的形式,它针对的是某种产品而非某个时期。优惠券通常被运用于消费品市场,但同样也可用于艺术促销。在征订者的生日期间,优惠券可以提供买二送一的门票。新的单张门票购买同样也可提供优惠券,以此鼓励再度消费者的回访。如果不使用优惠券,除了少量印刷成本之外,文化组织并不会损失什么。若是使用优惠券,它有助于让那些原本空置的座位得以上座。

联合促销

联合促销(cross-promotions)指的是两个或更多的文化组织之间的合作。其理念在于鼓励一种生意的消费者光顾另一种相关的生意。两个文化组织同样也可采取这种合作形式,即购买一张门票则可参与两处的文化活动。其价格通常低于分别购买两张门票的价格。

然而,联合促销同样也可运用于文化组织和营利性公司之间的合作。门票可以包括门票价格以及在当地餐馆的晚餐成本。针对那些出行到城外参加文化活动者,它可包括门票和旅店住宿费两者。公司之所以会对合作关系感兴趣,那是因为它可以增加销售额,而把自己的品牌与某个能够吸引潜在消费者的非营利组织的品牌挂钩（Kunitzky，2011）。

奖品

奖品指的是馈赠给门票购买者的免费的或低成本的礼品，其通常针对的是某个特定的群体或者某项文化活动。当然，在此，需要考虑到成本问题。然而，使用某种现成的物品或者是所收到的捐赠品，文化组织或可控制成本。例如，合唱队可以免费向所有新近购票者提供自己的碟片。对文化组织来说，生产更多一张碟片的成本并不算高。新近门票购买者或许并不了解合唱队的节目，所以不会自行购买它的碟片。另一方面，文化组织则可根据促销和消费者意愿出售更多的门票，并且有望在欣赏完碟片后再转返观看另一场表演。发放奖品的另一种形式是由某一当地公司所支付的海报，文化组织从而可作免费的宣传。

竞赛

竞赛是通过对销售过程略加刺激而促进销售的另一种方式。它们也是收集消费者数据的卓越方式。最为简单可行的做法是，在消费者购买门票时让他们进行抽签，提供公司卡或是填写参赛申请表。这项工作可借助纸质材料或者互联网完成。这类竞赛的目的在于尽量吸引更多的观众参与竞赛，以便收集姓名和人群数据。在网上也可很好地获得此类信息。这种做法对消费者来说比较简便，而文化组织则可获得更多的信息，诸如出席频率、所喜爱的艺术家或表演者。此外，文化组织还可收集地址和电子邮箱信息，因为这些都属于通知获奖者所必备的信息。出于隐私考虑，可以设置一个非必填项。那些无意添加电子邮件的消费者可选择不必填写。

抽奖的奖品可以采取多种形式，从免费的茶杯到免费的整个演出季的门票。通过把奖品改为能够引起某种特定兴趣的物品，可以鼓励不同的受众群体完成表格的填写。文化活动参与者们希望的是参与而不是被动地接受。因此，提供能与演员在休息室见面的机会或是"客串"担任乐队指挥之类的奖品也很有吸引力。因为这些都是令人激动的奖品，参与竞赛只能局限于那些购买了一定数量的门票者。

竞赛也可用于对目标群体进行快捷的研究。在竞赛申请表上，可以询问一些简单的问题，诸如"你会出席俄国合唱团的音乐会吗？"或者"你希望看到哪类戏剧？"这些结果并不具备统计意义，但尽可能获得信息总是有益的。

样品

样品是用于消费品的常见促销方式，诸如化妆品和食品。样品的提供包括馈赠一点产品，以期给消费者留下印象，从而决定购买。人们普遍都经历过，获得一小管试用牙膏，或是在零售店品尝一下某种甜点。如果消费者喜欢这种产品，他们即刻就会购买。

文化组织同样也可利用样品。目标细分市场若是完全不了解其艺术产品，文化组织将很难吸引观众。如果他们看到了文化组织的广告，依然也会熟视无睹。让他们了解产品的唯一途径或许就是给他们样品。这一点包括把艺术作品带给他们。在把音乐或者艺术带给学童们时，文化组织所做的正是这一点。这些样品发放同样也可针对成年人，也就是把一点音乐、戏剧或者视觉艺术作品带到目标细分市场所在，诸如工作地点、教堂或者餐馆等其他休闲处。文化组织还可以提供电子样品。例如，可在 YouTube 上放置视频片段，并且将它与组织的网址相互链接。"播客"（Podcasts）[①]同样也可与网址或者社交媒体网址相互链接。

[①] "播客"（Podcasts）是一种可订阅下载音频文件的互联网服务，多为个人自发制作。——译者注

处在社交媒体发达的年代,虽然这些尝试性的实际刺激或许有些老旧,它们现在却更加流行。这是因为所有这些点子都在文化组织的社交媒体处推广。事实上,通过举办网上竞赛,并在文化组织的网页上彰显各种评论和赢家视频,可以起到更大的激励作用。

个性化销售

个性化销售指的是每次把产品的效益通知一名消费者。关于个性化销售的传统看法是,销售人员挨家挨户上门兜售,这当然并不是销售艺术产品的方式。当然,个性化销售绝不单是专业销售人员的工作。个性化销售可以由文化组织中的每一名成员承担,即利用一切机会把文化组织所提供的效益告知自己所接触的所有公众成员。例如,在出售某个节目的门票时,售票员应该再推荐一些相关的节目。即便是剧场引座员,同样也可告诉观众,礼品店目前有哪些优惠产品出书。为了增进销售,文化组织中的所有成员都必须知晓产品的各个方面,并且有能力把它们告知自己所接触的所有人。

公共关系

大致而论,公共关系所考虑的就是如何维护有益的公众形象。在反驳社交媒体上可能出现有关组织的负面消息时,它是一项必备利器。尽管这是公共关系的一个重要职能,文化组织通常却没有如此加以运用。它们通常更加关注公共关系中的大众化这一方面。大众化也就是借助新闻传媒营造关于文化组织的正面信息。借助新闻传媒营造有利的影响面,大众化的目的就在于,鼓励有心的公众读取,进而能够参与其中。营造大众化的主要工具是新闻发布、记者会、照片和专栏文章。

大众化

若要成功地实现大众化，文化组织必须与当地媒体建立起良好的关系。根据恰当的时间表和特定的制作意图，借助报纸、电台和杂志进行运作。针对传媒的目标受众，如果新闻发布或者记者会的时间准确且形式正确，就可大大增加实现大众化的机会。此外，它还必须饶有情趣。报纸、电台和其他传媒工具的兴亡都取决于它们的读者、听众和观众。这些传媒公司进行新闻发布不是为了促进门票销售，而是因为所提供的信息能够激发其受众的兴趣。

一旦确定了实施大众化的恰当传媒载体，建立起了与它的关系，接下来就是构思所要使用的新闻发布、文章或者照片。文化组织可以把所有的公关材料张贴在自己和社交媒体的网站上。由此，文化组织为了准备这些材料所付出的努力将会事半功倍。

公关和社交媒体

今天，公共关系和社交媒体两者已经形成了密切的关系，而这种关系是非营利组织促销策略的组成部分（Madia，2011）。对于非营利组织来说，虽然必须准备和实施新闻发布，大多数记者还同时使用社交媒体网站和博客，以便获得新闻内容。社交媒体发布会（Social Media Press Release，SMPR）正在成为某种必备的手段。与传统的新闻发布会不同之处是，除了需要撰写文字内容外，它还能够提供与更多资源的链接，意在可以得到分享。SMPR是由文化组织把它电邮给通常的新闻组织。它还被放置在组织的社交媒体网站和它自己的网站上。它将拥有独特的网址（URL），便于读者们借助电子邮件进行分享。文件内容应该尽量精简，包含几个句子或者要点即可。其他信息则可借助于各种链接提供。这些链接包括来自其他组织的内容，得以证明自己的组织正在努力完成的工作。

社交媒体和直销

直销服务于两个目的。它旨在向特定的细分市场推销产品,通过购买或者咨询更多的信息而即刻获得反馈;再者,它还可用于保留有关目标客户群的数据库,使得今后的沟通能够更加专注于满足他们的需要。文化组织在过去依靠的是电话和邮寄,但是现在,通过使用社交媒体和电子邮件,正变为愈发复杂的直销者。这一点的缘由是,普通艺术受众都属于受过良好教育的职业人士,上网已成为其日常生活的一部分。这一点对于那些年轻的潜在受众也同样成立。

我们的网站为何总是需要改善?

即便是文化组织,它们现在也知道,网站与街头演说或者电话号码同样重要。网站是人们寻求信息的地方,并且体现着文化组织的品位。如果文化组织的网站无法打动用户,他们就会疑虑是否值得予以关注。在此,我们列出文化组织在审核网站时可加以运用的五条规则:

1. 在首页上凸显最为重要的内容。如果人们没有被它所打动,也就不再会点击它所显示的各种链接内容。

2. 持续更新。经常更新内容,使得人们有心再度造访。

3. 多媒体是必备品。即便我们提供具备专业水准的影像,我们也需要说明用手机拍视频效果非凡。

4. 多重渠道。让客户能够借助电脑、手机和平板电脑浏览我们的网站。

5. 行动为上。如果客户需要我们做些什么,敬请提出!

达迪斯曼(Dadisman,2012)

网站和社交媒体

文化组织或许正在为应当如何启用社交媒体而犯难。不久前，它们对于如何构建网址一事同样茫然，但却很快明白，为了向公众提供有关产品的特征和益处的信息，网站实为一个不可或缺的工具。现在，它们逐步认识到，社交媒体网站和它们自己的网站一样重要。设计周全的社交媒体网站无疑有助于向公众宣传组织的品牌形象和艺术产品。提供网上影像的做法，则可令公众无需亲历现场便可观赏舞蹈，浏览艺术品和聆听音乐。当然，文化组织应该把这些信息放置在自己的网站上，而社交媒体网站则可使得消费者与文化组织和其他消费者进行交流。

网站可以提供关于文化活动的内容、时间和地点等信息，而社交媒体网站则使得公众与文化组织进行交流。最为流行的社交媒体网站因国家而异，而且会随着技术的进步发生变化。必须明白，重要的不是技术本身而是对于技术的运用。

社交媒体运用的日益频繁是文化发生重大变化的结果。这些变化可以概括为消费者的新型实力、对于正宗组织的向往以及共同创作的能力(Hollman and Young, 2012)。因此，社交媒体网站应该被应用于去倾听消费者对于文化组织产品的正反两方面意见。文化组织必须诚实地展现自己。宣称自己产品是"最伟大"的时代已经过去。最后，消费者必须能够对文化组织的产品具有某种影响。对于博物馆来说，这意味着允许消费者参与创作过程。对于表演公司来说，则意味着允许消费者参与节目规划。社交媒体的出现意味着那种"自上而下"进行控制的时代已经消逝。如果文化组织痛惜这种控制权，则有必要记取的教训是，德国古登堡(Gutenberg)活字印刷术的发明如何使得马丁·路德(Martin Luther)一声叹息,①现在每个人都认为自己可以撰写一些值得发表的东西(Shirky,2010)。在古登堡之前,只有最为重要的书籍才有手写本;在其之后,人们更加容易接触到好的和不好的书籍。这一点对于社交媒体而言同样成立,当所有人都能够点击"发布"按钮时,最好和最糟的作品就都有可能产生。

电子邮件和社交媒体

虽然社交媒体在营销会议上能够获得最大的关注,电子邮件仍然属于一种定期向消费者发送促销信息的卓越途径。电子邮件可用于需要特定类型信息的目标细分市场。有效的营销项目不会把大量电子邮件硬塞给消费者,而是专注于某些需要特定信息的人群。在订票时,他们可在社交媒体网页乃至在活动地点对这类信息提出需要。为此,消费者会提供一些私人信息。因而,电子营销应该总是对收件者有益。

先期电子邮件

我们知道,预订旅馆客房时,我们提前几天会收到一份电子邮件,提醒我们的造访。我们还会收到如何到达旅馆、公园以及正在进行的其他文化活动的信息。当然,文化组织同样也可如此行事。雅克布·皮罗舞蹈团(Jacobs Pillow Dance)会给门票购买者发送一封电子函件,提供有关其地理位置和停车点的信息。它们还会为那些想要就餐的观众提供相关信息,并在节目上演前提供相关细节的对话。此外,还包括共同参与某个活动的邀请函。然而,电子函件还能做更多的事情。现在,门票购买者会为即将到来的演出而兴奋,因为电子邮件提供了有关如何参与更多活动的信息。

基恩(Geane,2012)

---

① 活字印刷术的出现使得《圣经》的复制变得更加容易,从而削弱了传道者的影响力。——译者注

对于营销来说,制作一份电子邮件名单具有几点好处。并非所有的消费者都有时间在"脸书"或其他社交媒体网站上跟踪众多的文化组织。一份简单的电子邮件是让消费者知道文化组织存在的手段。电子邮件名单可用于提供有关近期节目的信息、促销优惠条件和特定的文化活动。

在直接向那些需要信息的消费者发送信息时,应该具有个性和特色。大多数电子邮件都会被快速地阅读,文化组织必须做到直截了当。例如,在一开头就需要表明发送电子信件的原因。主题栏目的特色化也非常重要,因为它包含了信息,所以必须突出议题。如果主题栏目无法打动人,电子信件就不会被打开。例如,如果优惠条件针对的是家庭或者信件中包含了价格折扣信息,主题栏就应该表明这一点。现在已可获得一些软件,使得那些最为繁忙和财务窘迫的文化组织的员工也能快捷制作出外观专业的电子信件。

如果没有地址,文化组织就无法发送电子信件,因此非常重要的是尽量使用各种手段收集此类信息,可以采纳的办法包括:(1)网站上的客户名册或者登记表。(2)在订票单包括一栏用于填写电子邮址。(3)竞赛和促销。(4)在售票处收集信息。(5)大堂登记表。(6)插入节目之中。

在网上收集电子邮址时,文化组织应该为消费者提供可以掌控所收信息的类型和数量的能力。无人会阅读那些自己不感兴趣的电子邮件。此外,为了回报那些填表的客户,可以赠与某些特别的礼品。

建立人际关系

运用技术,可以收集有关现行和潜在消费者的大量信息。数据库使得文化组织能够收集和加工有关消费者所购艺术活动的信息。这种信息与有关消费者的人文和行为信息一起,可以帮助营销部门对受众进行细分。

文化组织所注重的，也许是要如何努力使得更多的人接触到自己的文化产品。然而，事实上，其产品或许只能让小部分人产生浓厚兴趣。运用数据库，文化组织可以分辨出这些人，从而运用较少的资源向他们传递营销信息。文化组织的营销策略需要分辨出更加投入的热情受众和文化产品消费者群体。针对各群体的兴趣所在而发送不同的直销信息。

一种更有效的方法是，把这些群体再进一步细分为很小的和特定的细分市场，由此可以制定他们想要出席的完全对路的节目或活动。然后，运用数据库，文化组织可以把目标对准那些会与自己更多交往的参与者。

社交媒体确实不错，但直接信件仍然需要花费心思

筹措资金的手段现在依然还是直接寄信。应该如何设计信件（包括措辞和格式在内）才能把握成败呢？不尽如人意的一点在于，几乎所有收到直接信件者都只会对它浏览10秒钟，然后就把它们扔到废纸篓中。一些人会花上20~30秒钟浏览标题和图案。这些读者可能对我们的组织感兴趣，或者只是属于会仔细阅读所有邮件者。很少有人会花上一两分钟进行阅读。那么，这些对于设计意味着什么呢？对于收信者自动丢弃邮件，我们无能为力。但是，我们的直接信件仍然具有一定的机会，如果使用标题和涂黑以及斜体字交流我们的使命和需要的话，就能够促使那些阅读20~30秒钟者花上更多的时间。

加奇（Garcht，2012）

数据库有助于让这一点化作现实；如果运用得当，还可对信息实施个性化，从而在文化组织与受众之间建立起某种关系。这种人际关系不仅可以突出他们所欣赏的文化产品，而且也能够彰显出他们如何参与到文化组织活动当中。对于文化活动参与者来说，与文化组织的价值理念挂钩是至关重要的事情。

总　结

促销并不是营销过程的开端，而是整个策略的最后一步。文化组织必须设计出能够激发特定目标细分市场感兴趣的消息。这种消息可根据产品生命周期的阶段而变动。促销可用于告知、说服或者提醒消费者，所用方法包括广告、销售激励、公共关系、个性化销售和社交媒体。由于包括了与文化组织进行交流的双重途径，社交媒体具有了独一无二的地位。

参考文献

Blakeman, Robyn. 2011. *Strategic Uses of Alternative Media: Just the Essentials*. New York: M.E. Sharpe.

Colorado Ballet Channel. 2012. YouTube. July 24. http://www.youtube.com/user/thecoloradoballet?feature=results_main.

Dadisman, Ceci. 2012. "Five Rules for Arts Organization Websites." *ArtsMarketing.org*. April 4. http://www.artsmarketing.org/resources/article/2012-04/5-rules-arts-organization-websites

Durham, Sarah. 2010. *Brandraising: How Nonprofits Raise Visibility and Money Through Smart Communications*. San Francisco: Jossey-Bass.

Foote, Cameron S. 2011. *The Creative Industries Guide to Marketing: Selling and Branding Design, Advertising, Interactive, and Editorial Services*. London: W.W. Norton.

Garecht, Joe. 2012. 4 Tips for Designing Fundraising Mail that Works. *The Fundraising Authority*. July 31. http://www.thefundraisingauthority.com/fundraising-by-mail/designing-fundraising-material/.

Geane, Katryn. 2012. "Pack Your Shorts: Using Email to Prepare Audiences for Their Arts Experiences." *Artsmarketing.org*. January 5. http://artsmarketing.org/resources/article/2012-01/prepped-and-ready-using-email-prepare-audiences-their-arts-experience.

Graham, Charlie. 2012. "Email Marketing: 7 Mistakes Not to Make." INC.com. May 12. http://www.inc.com/charlie-graham/email-marketing-mistakes.html.

Hine, Thomas. 2002. *I Want That! How We All Became Shoppers: A Cultural History*. New York: Perennial.

Hollman, Christer, and Simon Young. 2012. *The Social Media MBA: Your Competitive Edge in Social Media Strategy Development and Delivery*. Chichetser, West Sussex, UK: John Wiley & Sons.

Kunitzky, Ron. 2011. *Partnership Marketing: How to Grow Your Business and Transform Your Brand Through Smart Collaboration*. Mississauga, Ontario, Canada: John Wiley & Sons.

Mackrell, Judith. 2012. "Royal Ballet Live: Our Behind-the-Scenes Dance Stream." *The Guardian*. March 22.

McCleish, Barry. 2011. *Successful Marketing Strategies for Nonprofit Organizations: Winning in the Age of the Elusive Donor*. Hoboken, New Jersey: John Wiley & Sons.

Sheldon, Kerrin. 2012. "Why Short-Form Video is the Future of Marketing." July 23. http://www.fastcompany.com/node/1843289/print.

Rogers, Everett. 1962. *Diffusion of Innovations*. New York: The Free Press.

Sainsbury, Michael. 2012. "Guangzhou Base Bid to Cement SSO in Region." *The Australian*. July 31.

Royal Opera House. 2012. YouTube Channel. August 14. http://www.youtube.com/user/RoyalOperaHouse.

Shirky, Clay. 2010. *Cognitive Surplus: How Technology Makes Consumers into Collaborators*. New York: Penguin Books.

附件 营销工作表格

附表1 营销计划流程表

开始制定营销策略时,非常重要的是制订一份计划进度表。在给每个人设定职责和期限方面,必须做到切实可行。能够提前实现目标无疑是值得庆幸的!倘若滞后,则会令人感到沮丧。

在制定营销策略时,谁能提供帮助?

_____   _____

_____   _____

任 务	负责人	完成日期
内部环境和客户分析		
外部环境分析		
竞争者分析		
购买者分析		
购买过程		
细分市场分析		
研究建议		
产品分析		
分销分析		
定价分析		
促销分析		

附表 2　内部环境和客户分析流程表

营销过程的第一步就在于阐明组织的使命,考察组织的资源。填写了使命之后,需要回答下列事关组织内部和客户环境的几个问题。

我们组织的使命(或者我们为何存在)是:

内部因素	问　题	答　案
目前的营销策略	正在做些什么工作,是否成功?	
	若否,又应做些什么?	
财务资源	是否具备资金用于产品改进和营销?	
	若无,能否获得资金?	
人力资源	员工是否具备必要的营销技能?	
	若否,需作哪些培训?	
组织文化	组织是否乐于接受新的理念?	
	若否,如何改变组织文化?	
现有客户	谁购买我们的产品?	
潜在客户	谁尚未购买但可能购买我们的产品?	
产品用途	客户如何使用我们的产品?	
购买动机	客户为何选择我们的产品?	

附表 3　外部环境分析流程表

下一步骤是对外部环境进行分析。

外部因素	问　题	答　案
竞争状况	存在哪些竞争者？	
经济问题	客户是否有能力购买我们的产品？	
	资金是否存在风险？	
法律/政治问题	它们对组织有何影响？	
技术	需要增加哪些技术以便更好地提供服务？	
社会文化	时尚对消费者有何影响？	

在下面列出我们组织的各种竞争优势：
_____

接着，需要说明为完成组织使命而采纳的长期和短期的营销目标：

长期目标：_____

短期目标 1：_____

短期目标 2：_____

短期目标 3：_____

附表 4　竞争者分析流程表

列出你的消费者们心中的三个竞争者：

1.

2.

3.

拜访他们，然后用下表列出我们未能满足他们的地方：

营销混合因素	我们的竞争者有哪些独到之处？
售后服务：态度、想法和服务如何？	
产品：易得性、质量和效益如何？	
定价：水平、优惠和变化状况如何？	
地点：便利性、路途、车位？	
促销：类型、数量、创意、网上订票？	

研究了竞争状况之后，使用下面的等级表，就是否容易为消费者所接触方面，把自己与其他竞争者进行比较。现在，我们就会明白有哪些地方需要改进。

产品的总体吸引力

优秀　　　　　　　　　　　　　　　　　　　　　　　　　　糟糕

1　　2　　3　　4　　5　　6　　7　　8　　9　　10

促销效率

优秀　　　　　　　　　　　　　　　　　　　　　　　　　　糟糕

1　　2　　3　　4　　5　　6　　7　　8　　9　　10

合理的价格水平

优秀　　　　　　　　　　　　　　　　　　　　　　　　　　糟糕

1　　2　　3　　4　　5　　6　　7　　8　　9　　10

附表5　买方动因流程表

除了体验艺术或文化之外,你认为还有哪些因素可以激励受众的出席。也许存在着不止一个缘由。

动因	是/否	详细描述动因
价值理念		
信仰		
个性		
教育		
家庭		
社会层次		
种族		

附表6　购买过程

在购买过程的每一阶段,我们可以如何激励消费者?

阶　段	营销举措
需要/问题的识别	
信息搜寻	
对各种选项的评估	
产品购买	
售后评估	

附表7　市场细分流程表

对典型的受众成员进行细分,确定自己想要吸引的那一部分市场。

变　量	我们目前的受众	我们的新受众
人口学特征 (年龄、性别、教育程度、收入、种族、社会层级、家庭)		
地理学特征 (邻居、城市、地区或旅行者)		
心理学特征 (价值观、信仰、生活方式)		
效益 (娱乐、社交、社会形象)		
用途 (初次、偶尔、经常)		

回答了有关我们的典型受众成员的这些问题后,得到"是"的回答越多,留住他们的意义也就越大。当然,同时还要努力吸引新的受众。

关于用途的问题	是	否	不确定
他们是否经常出席?			
他们是我们组织的成员吗?			
他们是志愿者吗?			
他们能够提供更多的财务资助吗?			
他们忠于我们组织,还是竞争者?			
他们对新产品感兴趣吗?			
这一群体人数正在增加吗?			

附表8　研究建议流程表

开展研究的第一步是确定所要研究的问题。研究的针对性越强,成功的机会就越大。需要回答的问题是,我们想要知道什么?

_____

_____

这些追加问题有助于我们规划自己的研究工作。

任　务	回答	负责人	完成日期
运用这种信息做什么?（研究目标）			
在哪里可以找到现有信息?（伏案研究）			
使用什么方法?（主要研究类型）			
如何提问?（方法的选择）			
向谁提问?（样本的定义）			
在哪里提问?（地点的选择）			
运用这些信息做什么?（分析和报告）			

附表 9　产品流程表

我们提供下列艺术/文化产品：

产品	描述	所具备的效益

我们的核心产品包装为下列活动，以便吸引不同的目标细分市场（即单身人之夜、家庭活动和教育机会）

活动描述	目标细分市场	所具备的效益

我们产品（活动地点）的内容包括：

	现状描述	有待改善之处
舒适		
设计		
清洁度		
音响质量		
装饰		
灯光		

我们的目的是
_____
_____
_____

附表 10　分销流程表

回答下列有关活动地点的这些问题：

问　题	现状描述	有待改善之处
我们的地点如何影响上座率？		
我们建筑物的外观如何影响上座率？		
公交和车位状况如何？		
能够与周边公司或组织相互促销些什么？		
受众如何通过步行、驾车和公交光临？		
网站是否提供了关于地点的信息？		
还可在哪里分销产品？		

附表 11　定价流程表

使用这一表格中的各选项，有助于确定提高票价的影响；然后，再回答后续几个问题有助于制定定价策略。

（"是"的回答越多，涨价的自由度也越大）	是	否	不确定
消费者是否不在意票价上涨？			
基本消费者是否在增加？			
我们的形象或声誉是否提升了我们的价值？			
我们的组织是否成熟？			
销路是否时常很好？			

1. 我们的门票销售额如何？

   _____

   _____

2. 除了门票销售，我们还有哪些收入来源？
_____
_____

3. 我们的支出状况如何？
_____
_____

4. 竞争者的收费水平如何？
_____
_____

5. 我们的客户希望价位是多少？
_____
_____

6. 针对现有消费者，能否运用差别定价法增加我们的收入？
_____
_____

7. 能否运用差别定价法吸引新的消费者？
_____
_____

8. 如何把定价法用作销售刺激措施？
_____
_____

附表 12　促销计划流程表

使用这一表格构建我们的促销策略。一旦确定了所要发布的消息和目标细分市场，接着就是制订一个完整的营销沟通计划，运用不同的渠道传播相同的消息。

我们的目标细分市场是：
_____

我们的营销消息是：

_____

在下表中，如何使用促销方式传播我们的消息？

方　法	想　法	成　本	责　任
广告（印刷品、广播、传单、小册子、其他选项）			
公共关系 （新闻发布会、专栏文章、照片）			
个性化销售 （员工培训、票房展示）			
销售刺激物 （优惠券、打折、优惠价、竞赛）			
社交媒体 （网站、电子邮件、推特、博客、视频）			